婚姻自救指南

小楼老师——著

中国妇女出版社

图书在版编目（CIP）数据

婚姻自救指南 / 小楼老师著. -- 北京 ：中国妇女出版社，2021.6
ISBN 978-7-5127-1977-4

Ⅰ.①婚… Ⅱ.①小… Ⅲ.①婚姻－通俗读物 Ⅳ.①C913.13-49

中国版本图书馆CIP数据核字（2021）第071833号

婚姻自救指南

作　　者：小楼老师　著
策划编辑：门　莹
责任编辑：耿　剑
责任印制：王卫东
出版发行：中国妇女出版社
地　　址：北京市东城区史家胡同甲24号　　邮政编码：100010
电　　话：（010）65133160（发行部）　　65133161（邮购）
网　　址：www.womenbooks.cn
法律顾问：北京市道可特律师事务所
经　　销：各地新华书店
印　　刷：北京中科印刷有限公司
开　　本：165×235　1/16
印　　张：15
字　　数：166千字
版　　次：2021年6月第1版
印　　次：2021年6月第1次
书　　号：ISBN 978-7-5127-1977-4
定　　价：59.80元

序言 PREFACE

在人类的所有关系中，最难处理的是家庭关系。

因为，我们如果和外人无法融洽相处，至少还能选择断交，可以老死不相往来。可是如果和家人无法融洽相处，却没有办法切断联系，即便能做出“绝交”的行动，心里也有千丝万缕的连接和难以释怀的情绪。

而在家庭关系中，最难处理的是夫妻关系。茫茫人海里的两个人，本无任何联系，却因为某些因缘，决定携手一生，生儿育女，将两家人变成一家人。他们在今后的人生中，将会有很长一段时间要在两家人之间“穿梭”，两人既要相互配合，凝成一股合力将自己的小家庭经营好，又要兼顾彼此的原生家庭，与突然多出来的一家人相处、磨合。这样的任务艰巨异常——我们过往应对陌生人的经验在此行不通。面对陌生人时，基本都是处不好的少往来，甚至不往来，把他们剔除出我们的社交圈即可；但伴侣的家人却是“不得不”密切接触的陌生人，处得好谢天谢地，处得不好却难以割离。

非常遗憾的是，很多人在走进婚姻之前，根本不知道自己将会面对这样一个艰巨的任务。很多人都以为，结了婚以后，一切都会像自己想象的那样从此过上幸福的生活。可是不久之后，现实就会给自己一记耳光，越来越多的误会、不和、争吵纷至沓来，慢慢消耗掉夫妻两人所有的热情。本是很相爱的两个人，却可能变成全世界最仇视彼此的人。若这两人中间真有一个极坏之人倒也罢了，但很多时候两人都不是坏人。

有些人能和伴侣以外的所有人融洽相处，他们对家人尽心尽力，对朋友真诚相待，对同事、老板、合作伙伴都能体贴周到，但唯独没办法和伴侣好好相处。

婚姻就像一面“照妖镜”，一个人的内在世界几乎都会在婚姻里暴露出来——好的、坏的，善良的、凶恶的。我们和家人在一起时也许都暴露不了的“阴暗面”，却在婚姻里藏都藏不住。因为婚姻本身就有这样的功能，它能将我们在童年时代一切没有在家庭里满足的渴望都牵引出来。

我们希望伴侣能够扮演我们所需要的每一种角色——父母、情人、孩子、心理治疗师、朋友、玩伴……当我们对伴侣感到不满的时候，若能细细探索，也许就会发现，我们在他/她身上寄托了太多期待，而这些期待并不是对方力所能及的。

同样，对方也会对我们寄予很多期待，这些期待也不是我们力所能及的。于是在婚后，我们和伴侣会陷入“期待—落空—受挫—愤怒—纠纷—和好—再期待—再落空……”的无限循环中。

在婚姻关系中，我们会无意识地期待对方能帮我们解决成长过程中的“遗留”问题。殊不知，正是我们自己把太多需求带进了婚姻，才导致了更多的问题。

很多夫妻在结合之初，并不是两个独立、坚强的成年人，而是两个孤单、脆弱、受过伤害、在人世间瑟瑟发抖的“小孩”，他们只是披着成年人的外衣。他们寻找着可以让自己快乐的玩伴、可依赖的臂膀、可为自己遮风挡雨的家园，却不愿承认自己和对方心里都有一个“小孩”，两人用争吵代替哭泣，用指责代替悲伤。从没有人教过他们到底应该怎样与另一半相处，他们怎样才能携手同心面对这个“可怕的、危机四伏的”世界。他们仅有的模板就是自己的父母，但很可能父母也没有提供一个好模板，或许他们还读过一些小说、看过一些偶像剧，但戏剧又与真实的人生相距甚远，反而让他们觉得现实更为艰难。他们即将开始一项关乎自己一生幸福的艰巨任务，但靠谱儿的知识却几乎半点儿未曾习得。在这样的情况下，到底有多少人能获得令自己满意的婚姻呢？

结果真是让人忧虑。近几十年，越来越多的心理学家开始把目光从个体治疗转向家庭治疗、婚姻咨询、伴侣治疗、情感顾问……这些已经成了心理咨询领域增长最迅速的几个分支。有很多优秀的心理学家投身在“家庭关系、伴侣关系”这个领域，也发现了越来越多促进婚姻关系的方法，形成了很多被实践证明有效的理论。

这些理论难以理解吗？并不难。其实无论是理论还是技巧，都不是婚姻相处的难点，难点在于了解我们真实的内心，在于如何进行自我的成长，在于愿不愿意和另一个脆弱、敏感、战战兢兢的“小孩”一起长大，一同去克服人生的困难、面对未来的挑战，真正成为一个成熟、独立、坚强、懂得爱的人。

在这本书里，我通过众多故事讲述了一个个婚姻理论，虽然希望大家能够通过这些理论和技巧改善自己的婚姻，但是更希望大家通过这些故事看到自己的内心，反思自己的成长历程，了解自己的期待和渴望。能够与伴侣成为一生的朋友、合作伙伴，看到彼此内心那个孤独的“小孩”，真正成为彼此人生中不可或缺的人。

愿每一个好好经营婚姻的人，都能拥有美好的婚姻。

目 录

CONTENTS

CHAPTER 1

是什么阻碍了你们的亲密关系

CHAPTER

2

原生家庭如何影响你的婚姻

CHAPTER

3

像经营企业一样经营婚姻

CHAPTER 4

伴侣之间如何实现有效沟通

CHAPTER

5

如何应对婚姻中的背叛与分离

CHAPTER

6

如何处理婚姻中的财务问题

CHAPTER

7

家庭关系如何影响孩子的成长

CHAPTER

1

是什么阻碍了你们的亲密关系

两人没有可以“一起做的事”，感情就会越来越淡。如果你想改善和伴侣的关系，可以去寻找你能为对方做的事，也让对方知道他能为你做什么事，并找到两人能一起做的事。

01 为什么现在维系一段婚姻越来越难

外公送给外婆的“塑料花”

2月14日，又一年情人节到了。买花了吗？订餐厅了吗？发红包了吗？送祝福了吗？……

我有位男性朋友向我抱怨，现在要向女性“表示真爱”的节日越来越多了，本来就是一个寻常日子，现在竟然被弄得“压力山大”；自己爸妈原来也没过过什么特殊节日，老两口儿不也过了一辈子吗？

他的“抱怨”让我想起有一年情人节，在我们的撺掇之下，外公第一次给外婆买了“花”。不是那种包装精美的鲜花，而是一盆制作粗糙的塑料花，看起来既像玫瑰，又像仙客来。估计是外公去菜市场买菜的时候，想起我们之前一直提醒他在情人节要给外婆一点儿“爱的表示”，外公突发浪漫之心，决定给外婆买花。鲜花会枯萎，价格也不便宜，不知外公在哪个小地摊儿上发现了一盆看起来像玫瑰的塑料花，顺手就买了，买回来就摆在卧室的电视机上。直到我们不断问他怎么买了盆塑料花，他才说是送给外婆的。

外公和外婆从来没有过过情人节，也没有结婚纪念日，甚至没给对方庆祝过生日。他们的婚姻就像他们那一代所有人的婚姻一样，平淡、缺乏浪漫，两人对彼此也有很多抱怨，但仍然过了一辈子。和那时的人相比，现在的人对情感关系的关注度提升了不少。

人们对婚姻的期待越来越高

外界总会时不时提醒人们用各种方式表达“浪漫”，给很多日期和物品赋予了“意义”，比如情人节和玫瑰花、结婚纪念日和烛光晚餐、婚期和钻戒、“双11”和购物……人们比过去任何时候都更重视亲密关系，但是放眼全世界，婚姻的满意度和质量都在下降，离婚率每年都在增加。为什么人们比过去更重视婚姻，但婚姻却更难维系？

◆ 婚姻观的 3 个阶段

社会心理学家伊莱·芬克尔博士发现，与过去相比，现在的人们对婚姻的期待已经发生了巨大变化。他认为，人们婚姻观的演进分为三个阶段。

第一阶段，“制度化婚姻”。对于那时的婚姻，人们基本不会考虑“爱情”因素，结婚主要是为了解决生存问题，女人找一个男人当伴侣是希望他能够给自己提供保护。

第二阶段，“陪伴型婚姻”。那时的人们想找一个终身伴侣，结婚的目的就是找一个人和自己一起生活，不至于孤独终老。

但随着社会发展，人们的生存焦虑越来越小，社会给予个人的支持越来越多。过去婚姻能提供的功能，不再能够有效地吸引人们进入一段婚姻关系。此时，越来越多的人进入第三阶段——“自我表达型婚姻”。人们希望在一段婚姻中能够获得满足感，希望伴侣使自己成为“更好的人”。

要达到这个目的，婚姻的功能和过去相比就完全变了。人们渴望在婚姻中感受到浪漫的爱情、令人满意的性生活、可靠的友谊、温暖的陪伴和安全感，甚至还希望婚姻能够在某种程度上疗愈自己在原生家庭受到的创伤。伴侣在婚姻中要扮演的角色是情人、知己、合作伙伴，以及心理治疗师。

现在的婚姻越来越难维系，是因为人们期待它实现更多、更复杂的功能。期望越多，失望也可能越大。而从好的一方面看，虽然婚姻更难维系，但一段美好的婚姻给人们带来的收益也更丰厚。婚姻幸福的人，他们的身体、心理健康状态更好，幸福的婚姻甚至能加快一对夫妻的财富增长速度。

◆ 成为彼此的“心理治疗师”

怎样才能在越来越难的婚姻功课上取得高分？

婚姻治疗师纳皮尔说：“当一对伴侣选择在一起时，他们就将生命中的一切——他们的历史、现状，以及对未来的期望结合在了一起。”很多人潜意识里会在婚姻中寻找替代原生家庭安全感的东西，人们对自己的成长过程越满意，就越容易选择一个和自己家人特质相似的伴侣。

每个人都在有意无意创造一种和原生家庭相似的婚姻，“熟悉”对人们来说比“正确”更重要，但是他们在原生家庭中的挫折也会被“转移”到新家庭中。夫妻可以寻找婚姻治疗师帮助解决婚姻中出现的问题，婚姻咨询会让人们更快、更清楚地看到自己婚姻中盘根错节的问题根源，并且获得解决的办法。但这并不是最根本的解决之道。

最根本的解决之道是，夫妻要成为彼此的治疗师。有人把这种关系称为“灵魂伴侣”“心灵伴侣”……现在越来越多的婚姻治疗都在强调“伴侣治疗的角色”，有些个人心理治疗会邀请伴侣加入。每一个心理咨询师都知道：当人们受伤时，与他人连接越多，人们恢复越快。因为对你人生重要的人，才能给你提供最大的力量。

一位著名的心理学大师曾讲过这样一个故事。

A夫人和B夫人的丈夫在同一天去世，两人的婚姻都经历了40个年头。A夫人与丈夫感情一直很好，B夫人与丈夫感情却很差。那么谁更容易从丧夫之痛中恢复过来？

答案是和丈夫关系好的A夫人。为什么？

因为当A夫人再回忆起丈夫的时候，她会想起两人在一起的开心时光，她会庆幸自己人生那么长的时间里有一个恩爱的伴侣相伴；这份满足感创造出来的力量，支持她度过悲痛。B夫人则相反，丈夫去世之后，她越来越意识到自己人生中有40年的时光都蹉跎在了一段不愉快甚至痛苦的关系上，这份懊悔的心情比丧夫对她造成的痛楚更剧烈。

每一对夫妻都应该学习一些与婚姻相关的心理学，学会给予伴侣恰当的支持，学会躲开婚姻的障碍，学会处理婚姻中的危机。一段好的婚姻关系，绝对是人生最重要的一笔财富，这笔财富还将传承给自己的孩子。

02 有一种人，能把伴侣逼成“恶人”

把妻子逼成“悍妇”的老实男人

在大家的印象中，张涵是个特别好的男人——在顶尖咨询公司上班，工作体面收入高；为人温文尔雅，从不发火，对太太言听计从。但是张涵的太太却是个“悍妇”，认识这对夫妻的人都说张涵是“妻管严”。张涵太太人挺胖的，常常一脸气呼呼的表情，让她看上去特别“凶恶”。很多人私下替张涵打抱不平，甚至有人说如果张涵有了第三者而“踹”了太太，大家只会为他鼓掌，不会替他太太申冤。

据说张涵和太太是大学同学，年轻时太太长得很美，是系里的“五朵金花”之一。婚后，太太渐渐变得邋遢起来，而且身材开始发胖，脾气也像身材一样越来越庞大。张涵加班多、出差多，每次加班或出差，太太的电话总是不断，大家只听见电话这头的张涵手上还忙着工作，敷衍地对着电话回几句，不久之后电话那头的声音就越来越大——大家都知道，张涵太太又开始吵了。

张涵工作上特别积极，总是抢着出差、加班，大概也是不想回家面对咄咄逼人的太太。他偶尔和同事在外面喝酒，聊起家里那位也是唉声叹气，欲言又止。朋友们也知道他太太的凶悍——张涵晚上不能玩儿得太晚回家，否则太太连朋友一起骂；张涵不能随便带朋友回家玩儿，否则太太脸色比家里死了个人还难看。有些和张涵关系特别好的哥们儿，甚至悄悄暗示张涵离婚算了。

然而，张涵还没有提出离婚，太太先提出来了。理由很简单——两人性格不合。据说张涵还挣扎过一段时间，不过太太铁了心要离婚。周围的人都鼓励张涵——“以你的条件绝对能找个条件比她好的，她离了婚绝对找不到比你更好的，过几年有她哭的。”看太太也不打算回心转意，加上周围人的劝说，张涵也想通了，不久两人协议离婚。

张涵恢复单身以后，朋友们就开始帮他介绍相亲对象。张涵人长得不错，收入又高，相亲的姑娘络绎不绝。不到1年，张涵就和一个叫小谭的姑娘在一起了。小谭比张涵小8岁，文静美丽，关键是她对张涵充满了崇拜。和小谭在一起后，张涵感觉到了久违的“优越感”，两人在一起时张涵一反常态，话特别多，每次看到小谭一脸崇拜地望着自己，张涵恨不得把自己的“人生经验”都讲给她听。相识不久，两人就结婚了。

张涵的前妻离婚后不久也再婚了，据说对方是个大学老师，教社会学的，脾气比较暴躁。两个脾气暴躁的人在一起会怎样呢？自然是三天一小吵，五天一大吵。听说两人经常吵得鸡飞狗跳，甚至还会动手。

故事如果到这里就结束，应该是个让大家拍手称快的故事——好男人和有情人终成眷属，“悍妇”自然没有好结局。

然而3年后，有人又见到了张涵前妻，说她简直像换了个人似的，不仅瘦了很多，穿着打扮也讲究了不少，虽然年纪大了，但有了成熟女人的风韵，似乎又能看出年轻时的娇美。前妻和现在的丈夫站在一起，挽手说笑，特别甜蜜。而且她和现在的丈夫特别爱旅游，丈夫只要放假，两人就到处旅行，婚后这几年，已经跑了不少国家。不是说婚后常常吵架吗？刚结婚那阵是常吵架，可是好像越吵越好，这几年两人已经不吵了，大概是结婚头几年把一辈子的架都吵完了。

张涵这边又怎么样了呢？很不幸，小谭婚后似乎渐渐变成了他前妻的模样，不仅没有了婚前的温柔恬静，还常常抱怨、数落张涵，整天打电话追踪张涵的行迹。结果，小谭也开始越来越不修边幅，结婚前还是一个十分有情调的女子，婚后可能受到张涵影响，只关注理财、股票，曾经的灵气渐渐消失殆尽。

有人觉得张涵太倒霉——老实男人总是遇到“悍妇”。还有人觉得小谭婚前真会装，看起来文文静静，谁也想不到婚后竟又是一只“母老虎”。但是，真的是张涵前妻和小谭的问题吗？

你信不信这世界上有种人能够将伴侣逼成“恶人”，而他们却楚楚可怜地当着别人眼中的“受害者”？其实张涵就是这样的“恶人”，只是他并不自知。

“逃避”是最残酷的回应

我们都是带着原生家庭的“烙印”和对婚姻的期待走进一段婚姻的。最初几年，夫妻双方的冲突更像是两个原生家庭的磨合。此时夫妻吵什么并不重要，重要的是如何回应彼此的“消极情绪”。理解性、支持性的回应固然是最好的，但是能做到这一点的人并不多；用愤怒去回应的人占大多数，虽然这种回应方式一直持续下去也会给夫妻关系造成很大损害，但是却比“逃避”或者“毫无回应”的方式好太多了。

◆ 不要让吵架成为一个人的“独角戏”

张涵这种伴侣的“毒”，“毒”在不给对方回应。每一次吵架，张涵总是选择逃避。用他自己的话说就是“和女人有什么好吵的”，或者“我说不过她，当然只有闭嘴”。小谭曾经也对朋友抱怨：“结婚前整天有说不完的话，还教我工作上该做什么、怎么搞好同事关系；结婚后变成‘闷罐子’了。我为了和他有话讲，还专门跑去学理财，结果他和那些狐朋狗友聊得不亦乐乎，和我在一起时就无话可说。家里的事情，他既不管也不参与，问他意见就是轻描淡写地来一句‘随便你’‘无所谓’。连吵架都像是我一个人在唱独角戏。”

◆ 咄咄逼人，也不过是想要一个“回应”

很多夫妻是在尝试和伴侣连接无果的情况下，才将对话变成了吵架——他们咄咄逼人的目的其实是想要得到一个回应或者一个确认；如果得不到，他们会觉得很慌张，甚至产生恐惧感。这种慌张和恐惧的情绪往往会被“愤怒”的情绪掩盖，所以张涵前妻的“咄咄逼人”，甚至凶悍的吵闹，不过是一次次尝试和他连接无果后的不安反应。

选择逃避的伴侣是婚姻中最“毒”的一种伴侣，他们会让另一半感觉自己虽然结了婚，却越过越孤独。这种孤独感会加深他们对婚姻的不信任，进而更想将对方捆绑在自己身旁；因为害怕对方“失联”，他们会更迫切地想与对方连接，这种迫切会让对方更加逃避，而逃避又反过来让他们更加不安、更加愤怒。

随着时间流逝，双方的沟通模式就会定型，一方咄咄逼人的时候，另一方就厌倦、逃避，然后双方都对这段关系感到失望、愤怒。婚姻中的双方无法彼此滋养，反而啃噬着两人曾经积淀下来的情感。

在和小谭结婚后，变化的其实是张涵：恋爱时侃侃而谈的他，和伴侣的连接是很好的——积极、主动，充满能量；婚后的他又变成了前一段婚姻中那个“漠然”的丈夫——面对冲突不断逃避。等不到他回应的太太自然只能变成一只“母老虎”，不断追着他索要“回应”。

03 婚姻不是爱情的“坟墓”，无趣才是

一个奇特的“出轨”故事

男人和女人都是中文专业出身，两人经人介绍而相识。因为都喜欢文学，两人很快走到了一起，恋爱时花前月下，非常浪漫，恋爱一年多就结婚了。

婚后一年多，女人生了孩子。女人工作轻松，能很好地平衡家庭和事业；男人很有上进心，工作非常努力，收入越来越高。外人看来，这是一对幸福的夫妻；但他们自己心里知道，恋爱时的甜蜜在这段婚姻里已经荡然无存。

男人应酬很多，待在家里的时间很少。一开始女人还有很多抱怨，会和男人吵。女人说：“你不陪我就算了，儿子你也不管吗？”男人很不耐烦，觉得女人根本理解不了自己的辛苦，懒得和女人说话。一开始女人哭，男人还哄一下；后来女人哭，他权当没看见，该看手机看手机，该睡觉睡觉。女人对男人也很失望，那个几年前还抱着她说情话的男人，现在

一开口就是什么单子、合同、商业布局，她听得晕头转向。她只想和他继续聊聊诗歌、散文，看一部电影，分享读一本书的心得，他们曾经就是因为这些才走到了一起。但男人常常让她心凉。她买好电影票等他看，临到开场他却说："我来不了了，×××刚到办公室，我要陪他吃个饭。"她转给他一篇好文章，问他有什么感受，他常说："我忘看了。"

女人和一个朋友诉苦，朋友说："我问一句不该问的，你老公不会有外遇了吧？"女人心里一惊，连忙否认："不会不会，这一点我还是了解他的。"她嘴上虽然这么说，心里却慌了。女人开始找机会翻看男人手机。虽然没有外遇，但男人下载了一款"交友"软件，偶尔在上面看看，但不会主动找别人聊天。女人心里很气，但不动声色。后来女人也注册了一个账号，她主动找到男人聊天。男人有点儿意外，但也有点儿惊喜。一开始，两人有一搭没一搭地闲聊。女人"诚实地"透露了自己的婚姻情况——已婚，老公忙于工作，她是一个寂寞、孤独的妻子。男人也没"撒谎"，告诉女人自己也已婚，和妻子没有共同语言。女人说，我就是想找人说说话，不想别的；男人说，我也是。两人越聊越投机。

男人告诉女人自己工作上很多烦恼的人事关系、商业竞争，女人就像解语花似的给他安慰。女人觉得很奇怪，之前男人也和她说过这些，但可能那时她初为人母，每天抚养孩子累得一点儿精力也没有，即便听到男人说这些事情，她也无暇"照顾"他的情绪。

男人是从什么时候开始越来越沉默的呢？她想不起来。在软件上，男人还会给她发笑话、说同事和老板坏话，女人觉得男人原来还有这么幽默的一面；女人也给男人讲自己生活里的小事、读了一本书、看了一部电影、买了一束花……男人夸她："你生活得真有情调，你老公怎么不懂得欣赏你？"

女人真的不明白，虽然她在网上隐藏了身份，但是和男人聊天的内容就是她本人每天的生活、每天的所见所闻，可男人怎么就会感兴趣？她也不明白，为什么男人愿意和“那个女人”分享自己的心情，却一个字都不肯和自己说？

婚姻应该是爱情的更高阶段

婚姻必然是爱情的“坟墓”吗？不是的！人到了七老八十，都有爱与被爱的需要，对爱情的渴望一点儿不比年轻人少。但是好多夫妻结婚后却渐渐失去了恋爱的感觉，他们都在婚姻中失恋了。到底是什么让一对夫妻婚后渐渐失去了爱的感觉呢？有人说是太熟悉了，但很多人婚后才发现自己其实根本不了解对方。吵架的夫妻常会说——“我没想到你是这样的人”。如果不是熟悉，那是什么让爱情不见了？是无趣。

◆ 婚姻不会扼杀爱情，无趣才会扼杀爱情

婚姻本身不会扼杀爱情，但是相爱的两人如果不注意，就会在婚姻里变成让对方觉得无趣的人。如果一个人天生就是无趣的人，其实也没关系，他仍然会吸引到适合自己的人。我认识一对夫妇，和他们接触过的人，要么觉得他们高冷，要么觉得他们无聊，但这两口子很恩爱。两人已经结婚20多年了，说到一个感兴趣的话题还能聊个通宵。

所以，真正扼杀婚后爱情的，是相对无趣。什么是相对无趣？很多人本身并非无趣之人，但是在和伴侣的生活中，有了太多“误会”、无效

沟通、未完成的争吵，心里有了积怨，戴着有色眼镜看对方，对方做什么都是错的，两人渐渐不再合拍、不再欣赏对方，于是在伴侣眼中成了“无趣”的人。

◆ 外貌不是婚姻“失色”的主要原因

就像开头故事里的男人和女人，他们内心有了隔阂，就不再欣赏现实生活中的彼此。更严重的问题是，婚内失恋的女人往往会在自己外貌上找原因。

外貌固然会有一些影响，但是对于多年生活在一起的两个人，外表只是锦上添花的因素，绝对不是“不再欣赏对方”的主要原因。可如果女性只从这一点上找原因，认为自己年龄大了，身材不如过去好了，老公就会变心，那么她内心只会更加无力、更加不知所措，对老公也更加怨恨。而那些婚内失恋的男人，又往往被“挣钱不够多，才会被她瞧不起”这种想法困扰，继而觉得妻子越来越可恶。两人如果都抱着这种对抗性的想法，他们的婚姻基本就难以自救了。

婚姻不是爱情的坟墓，而是爱情更高阶的延续。任何事情要想往更高阶迈进，都需要花费精力去经营。但如果你们的婚姻已经走到了很糟糕的那一步，相处技巧已经挽救不了婚姻下滑的趋势，建议你们进行婚姻咨询。你们需要重新找到方法，再次欣赏对方。否则待在空壳般的婚姻中，要么精神窒息，要么开始出轨。

每个人都有爱与被爱的需要，婚姻的契约又不是那么容易就被撕毁的，所以“出轨”反而成了一条“出路”。而社交平台的发展又让这条“出路”变得很方便，于是很多婚姻就只留下了一具空壳……

04 哪些行为会导致婚姻失败

你想过婚姻中有哪些行为会导致离婚吗？可能有些行为你知道，但并没有意识到会有这么严重；可能有些行为你根本不知道。美国心理学家罗伯特·利文森和约翰·戈特曼从事婚姻研究14年，研究中发现，以下4种行为对婚姻关系损害严重。若这4种行为经常出现在你的婚姻中，请对它们保持警惕。

指　责

指责是伴侣间发生争执时经常出现的行为，指责常常将对方的行为认定为他的性格特点，并对其进行人身攻击。若一对伴侣在约会时一方迟到，另一方仅仅是抱怨对方的话，他会说："你怎么来这么晚又不打电话？我都要急死了。"但如果一方要指责另一方，他可能会说："你怎么这么健忘？考虑过我的感受吗？自私自利！"指责的一方将另一方失误的行为认定成为他的性格特点，并对此进行攻击。这样的例子数不胜数，或许某次伴侣忘记洗碗，就会被认为“懒”；喜欢看小说，就会被指责为“不学无术”……

指责是怎样危害一段感情的呢？当一个人被指责时，他会感觉被攻击，此时他要么否认、要么躲开，甚至可能反击。而一对伴侣彼此如此熟悉，既熟悉对方的缺点，也熟悉对方的弱点，所以他们攻击对方的每一句话都可能会准确地击中彼此的要害，在一场语言的厮杀中将对方伤得体无完肤。而每一次指责都会让对方留下怨恨，这些怨恨将一点点蚕食亲密关系。

蔑视

若伴侣之间经常指责彼此，他们之间的怨恨就会越积越多，渐渐地形成另一种行为——蔑视。蔑视是愤怒和厌恶相结合的一种感受。当你对伴侣有这种感觉的时候，说明在你心里并不觉得你们两人是平等的，而是觉得自己比对方优越。

在一段关系中，若一方蔑视另一方，他很可能会经常嘲笑对方、不重视对方的需求，当然也就更不太会给予对方关爱。蔑视能够将一段关系很快拖向死亡。一段健康的婚姻更是需要夫妻双方彼此尊重，若婚姻中缺少了彼此尊重，这段婚姻终将给双方造成无价值感。

任何一段关系，如果不能给关系双方带来价值感，这段关系就不可能持久。而无法获得价值感的一方，很可能在有机会的时候就背弃这段关系，寻找让他能够获得价值感的关系。在一些遭遇出轨的婚姻中，有些人出轨的对象可能各方面都不比原本的伴侣优秀，但是这段新的关系却可以给长期得不到伴侣尊重的人一种价值感。

那些充满嘲讽、蔑视的婚姻状态，除了破坏关系，还会对一个人的免疫系统造成伤害，生活在这种婚姻中的夫妻可能常常会生病，比如反复感冒。

防 御

防御是一种保护自己的行为，比如当一个人指责你的时候，你可能会否认，将责任推到另一个人身上。我们每个人都会在生活中出现防御行为，在一段亲密关系出现问题的时候，这种行为无处不在。当一个人感觉自己会被伴侣谴责的时候，就可能采用防御行为。常见的防御行为有愤怒、否认、抱怨，或者假装无辜等。比如，妻子在丈夫下班前让他帮忙买东西，而丈夫忘记了，他可能临进门时才想起这件事情，并且一直在担心会被妻子责怪。当妻子真正责怪起这件事情的时候，丈夫可能回应："你自己怎么不去买，总是叫我买？（愤怒）我今天忙死了，你知道我最近很忙啊！（转移话题）怎么总是要我带东西啊，我下班时都快饿死了，赶着回家呢！（抱怨）临下班时被领导叫住，就忘了，你怎么不再提醒我一下？（假装无辜）"

防御行为会怎样破坏一段婚姻呢？婚姻中的冲突常常是双方都有责任，但是防御的一方却将责任推给了另一方，而不去尝试解决问题，这样不仅不会让冲突停止，还会加剧冲突，所以防御行为常常导致指责行为的出现。在一个不愉快的环境中承担起自己的责任绝对是一件需要勇气的事情，却可能阻止事情往更坏的方向发展。

回　避

这种情况往往发生在夫妻双方起争执的时候。一方在另一方发难的时候变得无动于衷，不会和伴侣争执，也不再回应对方，不给对方任何交流的可能性；要么转身走开，要么假装很忙，总之就表现得像伴侣不存在一样。其实他们本来的用意可能是好的，就是希望能通过自己的忍耐让伴侣闭嘴。通常夫妻双方或者一方经常表现出这种行为的时候，就说明婚姻关系已经在冲突中触礁过多次了，以至于忍耐的一方认为无法通过语言解决这种冲突，但又不想冲突升级，所以干脆采取回避的方式。

但遗憾的是，当一方愤怒而另一方选择回避的时候，得不到回应的那一方只会更加愤怒。若两人都采用回避的方式，婚姻中的问题将再也没有解决的机会。就好像家里有垃圾，大家却把它们扫到地毯下面，假装垃圾不存在，但这样自欺欺人的行为又能持续多久呢？所有的这些行为如果只是偶尔出现在婚姻中，并不会造成太大危害，甚至可以说是完全正常的。但如果夫妻双方经常出现以上行为，婚姻持续下去的可能性就会越来越小。

在和伴侣发生冲突的时候，你可以观察自己和伴侣最容易采用哪种方式应对，如果你们总是采用这4种方式中的一种或几种，或许你们应该赶快“刹车”，重新寻找一种有效的方式解决冲突。

05 婚姻里有些“丑话”，越早说越好

这是一桩被房子“拆散”的婚姻

小敏和老公交往了几年才结婚。结婚前，老公家里按揭买了一套房，房产证上是老公父母的名字，但实际上这套房子只付了首付，房贷由老公承担。结婚前，老公大哥生意失败，老公父母的积蓄都给了他大哥，再也拿不出钱来给他们买房、装修。

小敏家不光掏钱装修了这套房子，还借给了老公大哥一笔钱。小敏希望婚后公婆把这套房给他们，借给老公大哥的钱，就当是自己家给的首付，没想过要回去。小敏并没觉得自己占了老公家什么便宜，因为这笔借款加上装修款，已经超过了房子首付。

房贷虽是老公在承担，但是老公的工资付完房贷后所剩无几，家庭开销基本由小敏承担。小敏结婚前和公婆说过这个想法，公婆既没同意，也没反对。小敏也不好意思多问，怕自己被老公家人误会。两人结婚后不久，小敏试探着跟老公提了要过户房子的事情。老公说，爸妈现在正为哥

哥的事情头疼，此时提过户房子的事情不好，以后他会找机会和爸妈说。

小敏心里虽然一直有个疙瘩，却也不好说什么，就这样拖了2年多。某天小敏无意中知道，这套房子已经被过户到了老公大哥名下。小敏质问老公是怎么回事。老公说："大哥生意上需要借些钱，借款人需要有抵押物，父母救急就把这套房子暂时过户给了他。"老公还说："这是暂时的，过段时间大哥把钱还了，房子就直接过户到我们两人名下。"小敏问："这么大一件事，怎么不和我商量？"老公说："商量有什么用呢？结果还不是要做。"小敏说："如果我不答应呢？"老公说："这房子又不是你的，算起来也是我父母的财产，他们想怎么处置就怎么处置。"

小敏听后气得哭起来，说结婚前借给老公大哥的钱就相当于自己承担的首付。老公反驳说，小敏家之前给的钱，现在根本不可能买到这样的房子，大不了还钱给她家。吵到最后老公还指责小敏，怎么一家人连这点儿信任和付出都没有；结婚前觉得小敏是个不计较钱财的女孩，婚后却变得市井了。

因为这套房子的问题，两人越吵越凶，渐渐惊动了双方家人。双方家人的误会也越来越深，最后闹到了离婚的境地。

婚姻里的"丑话"应说在前头

有不少夫妻吵到伤心处，都会质问对方："你忘了曾经对我说过什么？"但遗憾的是，婚姻中很多人记得最清楚的是最近才说的话，而不是当初的承诺。即便对方记得承诺，承诺时的感受也会被时间冲淡。时间是把“双刃剑”，既能淡化之前美好的感受，也能淡化不好的感受。所以婚姻里的“丑话”，要尽量说在前头。

婚姻中常碰到的问题有5个，但实际上，很多夫妻并没有在这5个问题上清晰地告诉过对方自己真实的想法和底线。

◆ 问题1：财产

金钱是一个家庭中最重要的问题之一。金钱代表情感需要、安全感和权力，属于一个人核心价值体系的一部分。一对夫妻若不能在婚姻早期着手解决彼此的财务分歧，分歧就会越来越大。

可以思考一下：

- 你和伴侣为钱争吵过吗？
- 金钱会在什么情况下引发你们的分歧？
- 你和伴侣在花钱、存钱上的观念一致吗？

◆ 问题2：与伴侣家人之间的关系

很多人在结婚后仍然和自己父母或兄弟姐妹有着很深的牵连，家人常常会用各种方式影响着这对夫妻的关系。这3个问题你和伴侣都应该明晰：

- 你和伴侣都能够把你们两人组成的家庭放在第一位吗？
- 当伴侣和你父母发生冲突的时候，你会站在哪一边？
- 当你和伴侣的父母发生冲突时，他（她）会站在哪一边？

◆ 问题 3：家务活儿

如果你知道有多少夫妻因为家务活儿而离婚，你就会明白这是一个多么值得关注的问题。家务虽不是一件大事，却常常引起夫妻关于“公平”的争执。家务方面的冲突，很容易让夫妻感到不公平，觉得对方不支持自己，因此生出很多怨恨情绪。

每对夫妻都应该思考一下：

- 你们清楚自己家里有多少家务活儿要做吗？
- 你们在家务分配上达成一致意见了吗？
- 现在的家务分配，你和伴侣都感觉公平吗？

◆ 问题 4：养育孩子

不少夫妻在教育孩子的观念上存在分歧，但在孩子出生前，他们几乎不会讨论这个问题。直到开始教育孩子的时候，夫妻才会发现自己和对方的观念完全不同。

不妨问问自己和伴侣：

- 你们赞成彼此的教育方法吗？
- 你们对孩子性格、天赋、特点的看法一致吗？
- 你们觉得各自应该在孩子成长过程中扮演什么样的角色？

◆ 问题 5：性

婚姻中，和“性”有关的问题最可能让一对夫妻感到尴尬，也最容易带来潜在的伤害和拒绝。很多夫妻在谈论和“性”有关的话题时，常常语焉不详，两人都不清楚对方到底在说什么，以及真实需求是什么。

观察一下你的生活，问问自己：

- 你能够和伴侣自然地讨论“性”的问题吗？
- 当你或者伴侣的性需求被对方拒绝时，你们会谈论自己的情绪和感受吗？
- 你和伴侣都清楚如何能让彼此在性爱中感受到亲密、喜爱、尊重和乐趣吗？

婚姻中的这5个问题越早讨论越好，要让对方知道你的底线和感受是什么。如果为了讨好对方而忽略了自己的感受，就失去了平衡两人关系的机会。

健康的婚姻关系，是让夫妻两人都满意的关系。尊重自己的感受，这件事不需要理由，但是你有责任让对方清楚你的感受。在婚姻中，最容易被记住的话是最近说的话，而不是很早之前说的话。所以，即便你说的时候对方可能觉得不高兴，但你也要说出来，因为对方不愉快的感觉会随着时间慢慢淡化。

但如果你从没尊重过自己的感受，这种感受会一直存于心中，而伴侣很可能并不知晓。让伴侣蒙在鼓里，对他也不公平。

06 婚姻里可怕的不是愤怒，而是没有表达出来的愤怒

年轻时的“怒吼”，换来晚年的“凄凉”

小时候，我家隔壁住了一对夫妇。阿姨是个急性子，脾气很差，常常骂叔叔。小时候住筒子楼，隔音效果一点儿也不好。阿姨嗓门很大，数落叔叔的话，邻居们几乎都听得清清楚楚。我们这栋楼里小孩最早学会的脏话，可能都来自这个阿姨……记得有一天晚上，阿姨把叔叔骂了一整晚，甚至还砸了家里的碗。

后来才听我妈说，吵架的原因是白天的时候，叔叔阿姨两人下班后一起去买菜，阿姨和小贩吵了起来，叔叔不帮忙，也不劝阻，抄着手在一旁默不作声，似乎事不关己。比起和小贩吵架，阿姨更气叔叔这种态度，于是回到家就开始数落他……其实我妈和阿姨共事过几年，觉得阿姨为人很不错，对外人也没有不讲道理。可就是不知道为什么，阿姨和好脾气的丈夫始终处不好。

后来，我们这栋筒子楼拆迁了，大家也都各自搬离，很多年都没再见过面。多年后，我听说阿姨去世了。阿姨在人生的最后阶段，走得有些凄凉。他们夫妻俩有一个女儿，学习成绩优秀，后来到美国读书，在美国结婚生子。女儿从小和阿姨关系并不好，出国后和父母联系也不多。阿姨退休后没多久就查出来患上乳腺癌，而且情况不太乐观，需要化疗。遭遇这样的疾病本来就是一场悲剧，更悲剧的是丈夫在她病了以后态度就渐渐变了。自从阿姨患病之后，叔叔对她的态度越来越恶劣。她生病以后，女儿只回来看望过2次，给她请了个保姆照顾生活。保姆来了以后，叔叔对阿姨的生活完全撒手不管。阿姨若再和他吵架，他也不再默不作声——有时吵闹，有时摔门而去，几天都不回家。

当时有人说，叔叔热衷于跳广场舞，似乎和一个舞伴儿走得很近……自从知道自己患上癌症后，阿姨的精神状况越来越差。阿姨家的保姆曾对人抱怨说，阿姨常常精神恍惚，家里的钱似乎都是她丈夫在管。叔叔非常吝啬，保姆想买点儿好的食材给阿姨做饭，他都不舍得给钱。原先是阿姨骂叔叔，现在她有些呆傻，叔叔常常讽刺、辱骂她。有一次，保姆还见着叔叔用脚踢阿姨……

阿姨最后在医院去世，住院期间丈夫几乎就没去看过她，全靠一个护工在照顾。她去世的时候，身边一个亲人也没有……

每当我妈妈说起这件事的时候，总是感慨："真不知道一个人怎么会变得这么坏？他原来是个很好的人。"其实，阿姨婚姻的悲剧，也许很多年前就注定了。

深爱是需要时间积累的

夫妻相处多年，一定会有冲突，有冲突就会带来愤怒。但是愤怒分两种，一种是说出口的愤怒，愤怒被宣泄出来，就过去了；还有一种是没说出口的愤怒，没有表达出来的情绪只会被压抑，并不会轻易消失。如果在心中长期积累，就会转化为别的感受。没说出口的愤怒很可能转变为“恨意”，成为婚姻里的“毒药”。

◆ 冷漠是最可怕的回应

叔叔真的是在阿姨生病后才开始变“坏”的吗？很可能不是。他的“坏”从很多年前就开始了，从他用冷漠去回应阿姨的吵闹开始。

人与人的交往行为中，最令人不舒服的并不是争吵和打斗，而是“毫无反应”。采用冷暴力这种行为真的是不愿再和伴侣争吵吗？不，而是用比吵架更严重的方式对待伴侣。

◆ 冷暴力下的 2 种心态

冷暴力是婚姻中最让人苦恼的行为之一。要消除这种行为，需要先知道冷暴力是如何形成的。冷暴力是一种严重的沟通障碍，实施冷暴力的人心中有2种很重要的情绪——愤怒和无望。

当一个人完全被愤怒的情绪淹没的时候，他可能不是选择爆发，而是选择将自己“封闭”，对伴侣的任何行为无动于衷。伴侣可能会察觉到他的这种愤怒，但“无望”的感受往往会被忽略。

回想你们最初争执、吵闹的情景。现在这个实施“冷暴力”的伴侣，最初是不是也曾和你争吵过，但从某个时候开始，他不再给你反映了。为什么？是不是因为当你觉得和他沟通毫无效果的时候，他的内心深处感到了深深的绝望，同样也觉得和你没法沟通？

当你遭遇伴侣冷暴力的时候，你能不能看到他内心深处的那种“绝望”？如果你能看到这份绝望，你的心里就会有一些同情的感觉出现。而同情是“共情”的基础。

◆ 换一种互动方式，从你做起

当你在用“责骂”折磨伴侣的时候，他也会用“冷暴力”折磨你；当你们开始相互“折磨”的时候，你们的互动方式就出现了巨大的问题。你能做的，不是去“期待”对方改变什么，而是你要做些什么去改变你们的互动方式。也许你能够换一种说话的语气，以一种协商而不是指责的态度去沟通，也许你能做出一些让步……关注你能做的，而不是“他没有做的”。不用担心“我做了什么，可他还是那样”，互动是双方的过程，一方改变，就会带来另一方的改变。你可以先拿到“改变”的主动权，而不是等着某一天他去“改变”，那样你只能被动接受。你怎么知道他会怎样“改变”这种互动呢？

有个在重症病房工作多年的朋友跟我说过一句话，他说：“除了深爱和很多钱，我真不知道还有什么，能让一个人全心全意地照顾一个重病的人。”深爱是需要时间积累的，如果一对夫妻几十年都与对方不睦，怎么能够指望对方在年老后好好照顾另一方？想象一下，你已经对一个人怨恨多年，你会在他病痛时无怨无悔为他付出，在病床前伺候吗？

婚姻里可怕的不是愤怒，而是没有被表达出的愤怒。建议夫妻定期清理这些愤怒，不要把它们最后变成“恨意”。

07 维持一段好婚姻，需要做到 2 件事

能同甘苦，未必能白头

美国和加拿大分别做过关于婚姻持续时间的统计，研究发现，很多离婚发生在婚后5～10年。当然，离婚的直接原因多种多样，但有一个原因很多人都会提到，那就是相处久了，感情变淡了。

一个朋友给我发微信，说她在考虑要不要离婚。离婚的原因让人觉得有点儿不可思议，因为婚姻让她觉得“好无聊”。她和先生结婚七八年，两人曾经是事业上的伙伴，恋爱也谈得轰轰烈烈。她认识先生时，他刚辞职创业。创业之初非常不顺，谁都不看好他，只有她例外。她觉得先生很有才华，也很有远见，相信他一定会成功。两人恋爱以后，她就把工作辞了，陪着他一起创业。

她父母最初非常反对两人在一起，因为她那时条件非常好，追求者众多，而她先生连一份“正经工作”都没有。得知她也辞职了，父母气得差点儿不想认这个女儿。还好先生的事业渐渐有了些起色，父母也只好接受

女儿的选择。

两人结婚第四年，她从先生的公司里退出来。那时，公司已经发展得很稳定，她想先好好玩儿2年，就在家做起了全职太太。一开始，她过得挺快乐的，可以通宵看连续剧，可以来一场说走就走的旅行，可以在家睡一整天，再也不用考虑公司的财务状况、人员聘用……因为不用再亲自参加商业谈判，她对自己的外形要求也不那么严格了，在饮食上面也不太控制，半年就胖了10斤……

先生对她这些变化也没什么意见，觉得只要她开心就好。但是两人之间在不知不觉中出现了一些问题——她发现两人聊天次数越来越少。原先两人会一起谋划公司的事情，所以有很多的话要说，哪怕下班回家都快接近凌晨，两人还要接着聊。但是在她做全职太太之后，她的生活规律变了，很多时候白天在睡觉，下午才起床，可先生还是一如既往地加班到很晚，回到家里只想休息，于是两人一整天都说不上几句话。

她也曾尝试做一个“好太太”，还参加过烹饪班、茶道班、家政班……不过后来发现怎么做也不如家里请的阿姨做得好，哪怕她做了，先生似乎也不感兴趣，渐渐地她也没了兴趣。退出了先生的事业领域之后，她慢慢发现，其实她和先生是很不一样的人，如果没有当初“共同创业”这件事将两人联系在一起，他们基本没有共同点，而先生事业发展到现在，也已经完全不需要她的“帮助”……

去年，先生就开始表现出急切想要孩子的愿望，但是她却很犹豫——她清楚地感觉到两人在感情上渐行渐远，也非常确定两人在养育孩子这个问题上将有巨大的分歧。不久，先生给她下了最后通牒——今年再不要孩子就离婚。她气得“离家出走”了几天，而这几天先生连一条微信都没给她发过；她出走这几天，也一点儿不思念先生。她在考虑，两人在还没有孩子的时候离婚未尝不是一件好事……

外部压力掩盖了“先天问题”

有心理学家研究过，有些婚姻没有了外界压力，反而更容易破裂。很多人可能都听过这样一句话：“可以共患难，无法共富贵。”患难和富贵其实是两种特别不一样的状态，患难可以看成一种有很大外界压力的状态，富贵可能就是外界压力很小的状态。有些不太善于处理亲密关系的人，会在外界压力极大的时候与另一个人维持亲密关系，相互依靠、彼此支持，但是压力一旦消失，他们可能就无法维持下去了。

很多人是带着原生家庭的问题走进婚姻的，这段婚姻可能有着“先天问题”，这些问题会随着婚姻的进行而慢慢显现。如果两人刚开始时外在压力比较大，他们可能暂时看不到这些“先天问题”，而是会合力解决外在压力。很多时候，这些压力还会促使两人更加紧密。我们经常能听说，有时外界越反对，两人关系反而越好。但当外界压力变小甚至消失的时候，人们会渐渐将焦点转向婚姻内部、转向自身，这时他们会发现，两人的情感并没有那么牢固。有些夫妻有了孩子，那么婚姻的一些问题就可能转移到孩子身上，抚养孩子这件事成了夫妻不得不合作的压力，所以有时“有个孩子”，真的可以掩饰掉婚姻原本的问题。

彼此间的“吸力”才是维持婚姻的真正纽带

如果夫妻想维持健康长久的感情，最该走的路不是增加外部压力，而是增加伴侣彼此间的“吸力”。增加彼此间“吸力”的办法说起来并不难，其实就是做到两件事：一件事是发现你能为对方做哪些事，另一件是发现你们能够一起做哪些事。如果一对伴侣彼此不想再为对方做些什么，又找不到两人可以共同做的事，他们终将在情感上分离，关系也就此结束。

其实说到底，两人没有可以“一起做的事”，感情就会越来越淡。如果你想改善和伴侣的关系，可以去寻找你能为对方做的事，也让对方知道他能为你做什么事，并找到两人能一起做的事。你们可以一起列一张清单，将“能为对方做的事”和“能一起做的事”分别列出来。以下是一些建议。

能为对方做的事	能一起做的事
● 给对方做一顿饭； ● 生病时照顾对方； ● 听对方诉说烦恼； ● 送给对方一份礼物； ● 替对方按摩； ● 陪对方去他想去的地方； ● 帮对方做一件本该他做的事； ● 赞美对方的成就、品格、外貌等； ● 为对方替他的朋友或家人做些事； ● 表扬对方为家庭做出的努力，并且表示感谢； ……	● 购物； ● 搞卫生； ● 一起旅行； ● 一起健身； ● 一起玩儿游戏； ● 一起装修房间； ● 共同读一本书； ● 一起照顾对方父母； ● 一起制作家庭相册； ● 一起做饭、一起吃饭； ● 一起看场电影或电视剧； ● 聊八卦；

续表

能为对方做的事	能一起做的事
……	• 拥抱、接吻、牵手、亲密抚慰彼此； • 一起陪孩子外出、旅行或参加学校活动； • 聊聊对未来的打算； • 将彼此计划进自己的未来； • 一起学习新东西（比如心理学）； • 分享学习心得； ……

这个清单可以无限加长，只是清单里的内容需要注意一点：这个清单是两人共同列出来的，你觉得可以为对方做的事，对方要认可那确实是他希望你做的。比如，你觉得自己辛辛苦苦为对方做了一顿晚餐，但对方觉得自己不需要这顿晚餐，那就只是一厢情愿的付出……同样，有些事情其实看起来非常简单，却是很有效的事，比如赞美、拥抱、聊天等。

08 好的婚姻，都有清晰的界限感

事事都要我管，还嫌我事儿多

几年前，我去听一位老教授讲课，快要结束的时候，他和我们聊到婚姻关系，讲了一个故事。他说："我认识一对小夫妻，最近在闹离婚。他们离婚的原因在我看来并不是什么大事。"这对小夫妻曾经是他的学生。两人在读大学的时候都很优秀，男生毕业后去了医院工作，女生则去了一所高校。结婚2年后，男生申请到了美国一所大学，妻子在1年后也离职去美国陪读，读书期间还生了孩子。男生毕业后被国内一所很好的医科大学聘用，女生也在学校找到一份行政工作，不是很忙，平时有很多时间照顾家人。一切看起来都很完美。

有一天，这个男生和另外几个同学来拜访老教授。这时教授才知道，男生已经在和妻子协议离婚了。老教授很奇怪，这对小夫妻到底出了什么问题，居然会走到离婚这一步？

男生苦笑了一下说："我们已经分居很久了，我一直住在学校里。这几年我真是受够了，她简直就是个‘控制狂’，我们家什么事都要她说了算。我上班很累，要做科研还要带研究生，偶尔休息就想在家发呆、睡懒觉，可就连这么少的休息时间，她也要给我安排满满的。我要稍微不同意，她就会大发雷霆，说我不爱她。而且我真的受不了她对我的工作指手画脚，她说我读书读傻了，成天只知道做学术，不知道应酬，也不去社交；说我一辈子都只能当个老师，做一些别人不想做的课题。可我就是这样的人，我不擅长搞人际关系，只喜欢做学术。

“她说，当年陪我去美国辞去了好工作，错过了很多发展机遇，曾经不如她的人都发展得比她好。一开始我也觉得特别内疚，想要补偿她，所以她说什么我都同意。但这样太累了，我又不是她的木偶。何况当年去美国陪读也是她主动提出的，她有个朋友的老公去了美国后发生了婚外恋，她担心这种事也发生在我身上，想守在我身边监视我，这才决定去陪我。”

男生走了以后，老教授给女生打了电话。女生也一肚子委屈。女生说：“选择去美国陪他，确实有担心两人婚姻生变的因素，但主要是为了照顾他。他独立生活能力挺差的，刚去美国的时候学业压力大，还要帮老板打工；吃不惯美国食物，常常口腔溃疡；难得一次自己做饭，居然把锅烧煳了，房东报了警，还把他赶了出去……就这样的生活能力，没个人陪着能不能毕业都不好说。”

那时女生有一个很好的升职机会，她放弃了。接替这个职位的人现在都升任副院长了，而自己还只是一般行政人员，因为自己职业发展无望，所以她希望丈夫在事业上发展更好。

她说：“学术和学术也千差万别。有些项目是明日之星，有些做几十年也不可能有突破。好项目每个人都盯着，自然要使出十八般武艺去争去抢。前2年，丈夫本来有个不错的课题，就是因为他太天真，觉得凭自己的实力绝对能拿下来，不把‘关键人物’放在眼里，结果这项课题落到别人手中。如果当时他听我的，结果肯定不会是这样。他觉得我什么都要管他，但我哪一样不是为了这个家好，为了他好。大大小小的事情我都要操心。他嫌我管太多，但他有没有告诉您，该他管的事情他都不管，全部推我身上呢？这段时间我也想通了，离婚也好，没有他，我挺轻松的。”

夫妻间也可以“约法三章”

老教授听完他们讲的这些，回想起自己和太太年轻的时候，也有很多相似的地方。他说：“我和太太都是很有主见、性子也很倔的人，我们当年的‘斗争’可比这两个孩子激烈多了。但当年我们离婚不像现在这般容易，客观上也就增加了我们‘必须解决问题’的动力。

“后来我和太太约法三章，各自划分出一些‘自留地’，我的一些事情她不要干涉，她的一些事情我也不干涉，看不惯也要忍着。当然，夫妻一起生活，很多时候没有严格的界限，这个时候该怎么办？我们决定轮流做主。

“好多认识我的学生都知道，我和太太在一起说话时，我说得最多的是3个字——听你的。好多人以为我是‘妻管严’，什么都听她的，其实并不是这样。她更擅长处理生活中的事情，所以‘听她的’比听我的好。

“我太太人很聪明，明知道这些事情最终决定权在她手上，但她还是会时不时问问我的意见。这样我又有了被尊重的感觉。生活琐事毕竟是更为常见的事情，所以大家总觉得我只听她的意见，但实际上家庭重大问题她也会听我的。而我们各自的事业如何发展，彼此只给对方建议，绝不插手管。”

找到“自我”与“合作”的平衡点

婚姻中夫妻最难做到的一点，就是如何在“自我”与“合作”之间找到平衡。每个人都是独立的个体，即使在结婚以后，“自我”也不希望总被另一个人控制、牵引，失去自主权。一个人若在一段关系中失去了自主权，总要靠压抑自己的需求去满足另一个人，那么在这段关系中，他大多时候会感觉不公平，当委屈和压抑积累到一定程度，他一定会想逃跑。

可若有人真的能做到什么都听从对方的指令，这种关系就好吗？绝对不是。谁做了决定，谁就要承担责任，决策权和责任是同时存在的。如果夫妻中有一方总不能做决定，其实他也在放弃自己该承担的责任。很多人嘴上说着“听你的”，实际上他们的态度已经变成了“随你便”。另一方看似拥有家庭决策权，却也承担着全部责任，会变得既劳累又孤独。

CHAPTER

2

原生家庭如何影响你的婚姻

美国家庭心理治疗师奥古斯都·纳皮尔曾说过："我们都不是轻易选择一位伴侣的，一对男女之所以会结婚，是因为他们有意无意感到对方会引发他们原生家庭的问题。"

01 婚姻那么苦，是因为遇到了“对”的人

你虐我千百遍，我待你如初见

有一年夏天，我去医院探望一个生病的朋友。朋友的隔壁床住了一个男人，脾气挺差的，常常指挥照顾他的女人做这做那。女人也不恼，整天笑呵呵的，看起来脾气特别好。朋友有次悄悄问女人，说：“你老公这样指使你，你怎么都不生气啊？”女人说：“你看他这样凶，离了我一天都活不下去。我只要说一句‘我明天不来了’，他就吓得不敢出声了。”那女人一边说，一边得意地笑着，仿佛她男人只是个不懂事的孩子。

不久之后，这位朋友又从护工那里打听来更多关于这对夫妇的事。原来男人年轻时特别花心，因为长得不错，又是做生意的，常常在外面勾三搭四。现在照顾他的这个女人是他前妻，两人已经离婚好几年了。他们俩结婚那些年，这个男的多次出轨，每次被发现都表现得悔不当初的样子，求妻子原谅。更可恨的是，男人每次挣到钱就在外面花天酒地，胡乱挥霍；钱都被外面的女人骗走了，自己老婆连一件像样的首饰都没给买过。

钱用完了，就会跑回来求妻子收留自己，挣到了钱又会去挥霍找女人，没钱了再回到妻子身边。过去10多年都是这样反反复复，女人实在受不了了，才坚决和他离了婚。后来男人出了车祸，生意又失败，一贫如洗，不知道怎么又找到前妻。这个女人似乎也挺傻的，竟然又回到了他身边。

朋友听完惊得下巴都要掉了，不断问我："你说这女人是不是'受虐狂'？"见我也没办法回答这个问题，朋友又说，他和这个女人聊天时才知道，这个女人的父母一直想生个男孩，但生了三个孩子都是女儿，她是最小的那个。后来大概因为父亲得了什么病，没办法再生孩子，盼子心切的父母竟然去抱养了一个弟弟，父母对这个抱养的孩子比对她们姐妹3人都好，家里什么好东西都是弟弟先用。在她六七岁的时候，家里实在太穷了，就把她过继给了一个没有孩子的姑妈。但可能那时她已经有点儿大了，知道父母不要自己，所以到了姑妈家里总是很不乖，和姑妈姑父也处不好。磕磕绊绊相处了一两年，姑妈实在觉得她烦，又要把她送回家，谁知她父母竟然不愿接收她。就这样推托了一段时间，姑妈一家人要去另外一个城市生活，借着这个理由，就将她放在了奶奶家，走之前留了些钱。

她和奶奶一起生活了几年，奶奶去世，家里人商量着还是应该让她回家和父母一起生活。在大家劝说下，她父母才勉强答应了。那时，她的两个姐姐都已经在外面打工，能够给家里寄钱，家里经济条件宽裕了一些。但爸妈要求她不能"吃白食"，得干很多活儿，那时她也不过是个10多岁的孩子，不光什么活儿都要干，还要照顾弟弟。

后来她也出去打工了，结婚前挣的钱基本上都寄回了家。弟弟在家里好吃懒做，什么也不会。她大姐因为一次意外去世了，家里的负担全部落在了她和二姐身上，就连弟弟结婚需要准备彩礼，都是她和二姐凑的钱。

据说，后来她弟弟的孩子读书也是她给的钱。

朋友说："你看这女人多可怜，自己辛苦一辈子，挣的钱全部给别人了。都这么惨了，还不找一个对自己好的男人。"

可能很多人都会说，这个女人傻。但是说她傻的人，都是因为没有看到她内心真实的匮乏和需要，她需要的不是一个"好男人"，她需要的恰恰就是这样的渣男。和这个渣男在一起的婚姻，或许还疗愈了她内心深处的创伤。

原生家庭与新家庭的联系

美国家庭心理治疗师奥古斯都·纳皮尔曾说过："我们都不是轻易选择一位伴侣的，一对男女之所以会结婚，是因为他们有意无意感到对方会引发他们原生家庭的问题。"

原生家庭与一个人成年后组成的家庭总有着千丝万缕的联系，最重要的联系，就是每个人都期待新家庭能够弥补原生家庭的缺憾，实现自己的夙愿，让一个人变得更加"完整"。但如果原生家庭曾给一个人造成了创伤，这个人也可能会寻找一个和家人感觉"相似"的人，将自己的婚姻建造得与原生家庭相似，从而在新家庭中继续引发出与原生家庭同样的问题。当问题被引发出来以后，这对夫妻都会感到非常痛苦。但他们当中大多数人都不会意识到，这种痛苦恰好是一个机会，能够让两人携手寻求改变。

“绝配”的伴侣，满足了内心的渴望

放到这个女人身上又如何解释呢？一个一出生就让父母失望的孩子，一个总被家人遗弃的孩子，她内心深处最隐秘的渴望是什么？最大的恐惧是什么？

她最大的渴望是获得价值感，最大的恐惧是不被需要。所以，她那个麻烦的前夫对她来说其实是一个“完美的”伴侣，总在不断给她制造“被需要”的机会。最终，他躺在病床上，指挥她去满足自己各种需求，外人看来多么不公平，而她的内心却是多么满足。所以她能笑呵呵地说：“我只要说一句‘我明天不来了’，他就吓得不敢出声了。”我想，说出这句话的时候，她整个人都是充满力量的，自我感觉很好，认为自己是有价值的。

这个女人童年时是一个自我价值感很低的孩子，没有人需要她，她只有通过不断付出，去获得价值感、获得家人的认可。失败的婚姻只不过是她原生家庭的延续，通过这种痛苦的方式让她收获了一个绝对需要她的人，而她也在这个过程中渐渐获得了价值感，满足了自己“被人需要”的需要。她不是“受虐狂”，只是内心的空洞需要有人来填满。

那个男人的生活也是在重复着一个模式：和这个女人在一起，又破坏掉这种平衡，不断去寻找露水情缘，一次次被骗也不悔改；不断重复着“逃离—回归”的模式，直到再也“逃”不掉。不管他的问题是什么，但这两个人似乎真的是“绝配”。这么多年的婚姻生活看似痛苦，却满足了彼此内心的渴望。

学会在婚姻中治愈自己

所有婚姻的痛苦，都未必是找了不对的人造成的。有时可能恰恰相反，正是因为与这个人的关系才引发出埋在自己内心真正的创伤、恐惧和渴望。伴侣就像一面镜子，能够照出未知的自己。为什么与别人都能友好相处的你，偏偏遇到这个人就争吵不休；为什么豁达洒脱的你，偏偏遇到这个人就斤斤计较……

每个人都不是随便选择了一位伴侣，只有那些我们真爱过的人，才能最有力、最准确地揭开我们的伤痛。而那些伤痛，是一个人了解自己最好的机会，也是一个人觉察自己内心最好的机会。如果不去理会这些伤口，匆匆结束一段婚姻，逃离掉那个人，只怕下一段婚姻还会遇到同样的痛苦。

02 家暴，从来不是单方面的责任

我爸也打我妈，不还是过了一辈子

朋友的丈夫是位警察。在他的管辖区内，有一户人家需要他“多加关注”。这家的丈夫常年酗酒，一喝多就找人撒气，于是妻子成了他最常殴打的对象。据说有一次，他把家里的镜子砸了，镜子有一块掉到了地上。那时是夏天，妻子光着腿穿着拖鞋，碎玻璃渣溅起来全部扎进妻子小腿里，鲜血直流。妻子跌坐在地上痛哭，丈夫居然走上去扇妻子耳光，一边扇还一边骂骂咧咧。

邻居虽然对这个男人施暴行为见怪不怪，但这次听见妻子哭号得实在很惨，于是打电话报了警。朋友的丈夫说：“我们要是再晚点儿去，估计女的会被打死。”

男人和女人都来自一个非常贫穷的农村，成年后在两家父母安排下结了婚。男人一开始在城里开货车。因为出了一次车祸，视力受损，男人没法在晚上开车。可开货车常需要晚上工作，所以渐渐地没人再雇用男人。

男人有时白天会帮人开车，可是工作不稳定。自打出了车祸以后，男人酗酒问题更严重了，有时明明和别人约好白天开车，到时却醉得不省人事。后来，男人基本没有收入，全靠女人打零工挣钱养家，一家人在城里艰难度日。可男人酒喝得越来越凶，对女人家暴也越来越严重，据说男人还因为家暴被拘留过一段时间。朋友丈夫说，这个男人长得矮小瘦弱，和警察讲话的时候都不敢直视他们，看上去就是一个老实巴交的农民，完全看不出来是个能对老婆下得了重手的人。

很多人劝女人离开男人。女人每次被打后也想过离开，但最终都没有下定决心。女人说："我已经习惯了，我爸也打我妈，我妈还不是和他过了一辈子？我只希望他不要打得这么凶……"男人也说着浑话："哪儿有不打老婆的男人？别人收拾不了，自己老婆还收拾不了？我爸都说，女人就要随时收拾着。"

家暴行为是怎样产生的

我曾看过一篇令人发指的报道：一位女高管，年薪200万，婚后仍遭丈夫家暴。如果伤不重，她就自己去药店买一些跌打药涂一下或者用膏药贴一下；伤重了，她就在床上躺几天。身上的乌青一时消除不了，她就穿长衣长裤遮起来，脖子上的伤痕她就用围巾遮住。

中国法学会婚姻家庭法学研究会理事李莹曾说："许多人误以为家暴都发生在愚昧的农村家庭。可就我办理过的案件来看，城市知识分子家庭暴力的概率一点儿不比农村的低。"

很多人都讨论过家暴，但主要集中在受虐者为何不离开这个话题上。但我想谈一谈施虐者心态——为什么会有人对自己的一个重要家人施虐？

其实文章开头那位家暴丈夫的一句话，就已经说明了这个问题。他认为男人打女人，是再正常不过的事情。一个人只有觉得自己的行为有问题，他才会改变。如果他觉得没问题，即便全世界都告诉他“你错了”，他也不会改。有这种思想的男人，就会寻找和他“思想匹配”的伴侣。

所以那个男人找到的女人，其实也接受“男人可以打女人”这个设定，她只是希望男人别打那么凶。如果她的观念中完全不接受这一点，她被家暴一次或许还有侥幸心理，之后那么多次怎么能忍受？若夫妻两人对于家暴有同样的看法，怎么可能因为家暴而分手？

如何避免碰到家暴男

一个女人怎样才能避免遇到一个家暴男？很简单，搞清楚男人对“打女人”有怎样的看法。如果一位男性思想中根深蒂固地认为“打女人”不对，即便他有暴力倾向，也不会对女性动手。我的一位同学在一所监狱实习过一段时间，在那里研究犯罪心理学。监狱里曾有一位犯人引起了他的注意。这个犯人30岁左右，青少年时期就有些行为问题，易怒、爱打架。因为将人打成重伤，他被判了刑。男人已经结婚，老婆是中学同学。很多人进监狱后婚姻就会破碎，但这个男人的老婆似乎很爱他，不仅常常来看他，还告诉他“你放心，我等你”。

有几次，这个男人在老婆离开后哭得泣不成声。同学和男人聊天，问到他们夫妻之间的感情。男人表示其实也没多好，两人婚后常常吵架。妻子伶牙俐齿，他脾气暴躁。只要吵不过妻子，他就会砸东西，连家里沙发都被砸烂过。同学问："你打过老婆吗？"男人愣了愣说："这倒从来没有。"他会气得用拳头砸墙，有一次把骨头都砸裂了。"我从来不会打她。男人怎么能打女人，没本事的男人才打女人。"虽然男人说这句话的时候很随意，但我的这位研究犯罪心理学的同学却被震动了。对一个有着暴力倾向、不易控制情绪的人来讲，这不是一件容易做到的事。

因为头脑中根植着"男人打女人就是没本事"这一观念，男人宁愿将愤怒转移到自己身上——用拳头砸墙自残，也不会对老婆动手。同学也和这个女人聊过几次。他问女人，你和他是同学，应该知道他从小就爱打架、脾气不好，怎么会选择他？女人说，工作以后一次同学聚会，大家都喝了些酒，讲话就很随意。其中一个男同学已经结婚，就开始向大家传授自己怎么"管"老婆，他说："女人就是要打才听话；她敢和你吵，给她俩耳光、摔她几次，以后就不敢了。不信你们结婚以后试试，保证管用。"这位男同学说得眉飞色舞，她老公突然站起来，抓住那个男同学的领子说："你拽什么拽！男人没本事才打女人！你还好意思说出来。"她当时听他说这些话，心里突然就对他有了好感。她自己的父亲就经常打母亲，有时连她一起打。所以她对男人要求不高，只要不打她，她觉得就够了……

这个男人受教育程度不高，还有暴力倾向，可他在思想观念中将自己的男性身份和不能打女人联系起来。不是因为打了女人后果有多严重，他打人时连坐牢都不怕，而是如果打了女人，他的"核心自我"就会被破坏，这个后果很严重。

如何避免嫁给“家暴男”？如果婚姻中曾有过家暴问题，怎么才能知道伴侣会不会再犯?

一定要搞清楚一点——这个男人对“打女人”的根本看法是什么。如果在他的观念中，“打女人”这种行为没什么大不了，甚至觉得“男人打女人天经地义”或者“女人不打不听话”，那就需要警惕。即便他信誓旦旦地保证，也不要掉以轻心。如果一个男人觉得“打老婆”是一件“正常”事，还有什么能阻止他对伴侣施暴？更可怕的是，如果他找到的伴侣也接受“男人打女人是正常的”这种观点，他们很难因为“家暴事件”本身分开。请记住，家暴从来都不是单方面的责任，而是夫妻两个人共同造成的结果。

03 别让你的关心，听起来像骂人

小雅的婚姻悲剧

朋友最近陪闺密旅行回来。她的闺密刚刚经历了一场婚变，整个人几乎垮掉。朋友告诉我，对闺密婚姻的结局，她并不感到意外。曾经发生过一件小事，让她感觉闺密的婚姻可能已经出现问题。我们就称呼她的闺密为“小雅”吧。

一天，朋友和老公约小雅夫妇一起吃饭。刚坐下，小雅白了老公一眼说：“还不招呼服务员点餐。”刚点完菜，小雅又开始“教育”老公：“倒茶啊，给你说多少次了。上次和王总吃饭你就傻愣在那里，要不是我主动起身倒茶，别人就该起身了。”小雅老公没吭声，朋友看到小雅老公讪讪地笑了笑。不过小雅会这样对老公，也并不奇怪。他们一直以来就是这样相处的。小雅从小到大就是一个优等生，不仅学业优秀，人长得也漂亮。大学毕业以后，小雅去英国留学，后来进入一家世界著名公司当管理培训生，几年后就升为董事长助理。小雅老公曾是她的师弟，小她两届。

在小雅大四的时候，师弟开始追求她，一开始小雅拒绝了。小雅工作后，这个师弟也非常努力地进入她所在的公司。师弟继续追求了小雅很久，小雅被他的真诚感动。两人开始恋爱，最后结了婚。

小雅事业发展一直比丈夫好。但她心里最期待的，是在家相夫教子。她恨不得把自己所有的“才华”全部传授给丈夫。丈夫事业发展得好，未来她就能安心地做全职太太了。每当看到丈夫有做得“不够好”的地方，她就像训小孩子一样地训他。有时，她的朋友，甚至家人都听不惯她“教训”丈夫的话，她却说：“我是为他好！他要是听我的，现在已经是公司副总了！”

小雅是在无意中发现老公“有问题”的。她一开始表现很冷静，因为打听过第三者的背景——小县城出身，家里没什么钱；人长得清纯，但完全谈不上漂亮。总之和她比起来，天差地别。小雅想好了对策，大大方方给那个女人一笔钱，打发掉就好了。她找老公摊牌，心里想着他只是一时糊涂，一定会求她原谅。然而面对她的质问，老公只是短暂沉默了一下，接着说：“对不起，我们离婚吧。”语气冰冷到令人难以置信。她这时才开始慌了。老公说：“我们之间早没感情了。即使你不发现，我也打算离婚。”离婚的过程让她心力交瘁。一个曾经那样追求她、那样仰慕她的男人，居然会在分手时对她如此冷酷无情。

经过一段时间的心理咨询以后，她渐渐认识到自己在这段失败婚姻中的责任——她习惯用恶言恶语去表达自己的关心和爱意。比如，老公工作上出了点儿问题，她就会说：“你都工作多少年了，这种小事情还要问我？”她还常常阻止老公结交一些朋友，说他们没品位。她甚至逼着老公参加一些社交聚会，以扩大社交圈，回家后又指责老公表现“不得体”。

两人结婚没多久，她曾怀上孩子，老公很想要，她犹豫了一段时间，最终决定打掉。这件事让她心里难过了很长一段时间。老公想安慰她，她却对他莫名地发火，说：“要不是你那么不争气，我至于现在还那么辛苦工作吗？谁不想回家当阔太太？”老公说：“你现在要离职我也养得起你。我很多同事工资比我低，太太也在家里全职带小孩，我没有觉得别人生活很艰难啊！”她听后更是气不打一处来：“你怎么那么幼稚？现在的孩子，未来拼什么？还不是拼谁的爸妈钱多？你想让孩子赢在起跑线上，可哪一条起跑线不是用钱垫起来的？”

……

小雅的语言习惯来源于自己的原生家庭。她的父母就是用责怪、羞辱、嘲讽来表达爱意的人。她小时候数学不太好，爸妈给她买了一大堆数学习题，让她一天到晚做练习。别人做1本练习册，她至少做5本。父亲说她：“你就是这种智商，以后学文科算了，学理科会碰一鼻子灰。”父亲越这样说，她越不服输。这样的结果显而易见，她的数学成绩从班上排名中等，一直上升到年级前三名。父亲真的是用讽刺在鼓励她吗？很多年后的一次聊天中，她无意中从母亲口中知道，父亲是心疼她，想让她注意身体。但话一说出口，就变成了羞辱和指责。结婚后，小雅对老公的方式，和父亲对待自己的方式如出一辙。

小雅老公在人前也是一位受人尊重的领导，而在她这里就成了一个一无是处的人。久而久之，老公心里也会失衡。并不是说她老公出轨没错，但是她的错，本可以避免。

你的关心，听起来就像骂人

世界上有很多人，都在用“恶毒”的语言表达对家人的关心。明明是想为对方好，说出口却是另一个意思。

小时候，我特别喜欢看各个国家的童话故事。记得有一个童话故事讲的是，有两个王子兄弟，娶了一对姐妹。哥哥娶了姐姐，弟弟娶了妹妹，姐妹俩都是绝色佳人。但是姐姐被女巫诅咒，只要一讲话，话语会变成蟾蜍、蝎子、臭虫；相反，妹妹被女巫祝福，只要一讲话，话语就会变成玫瑰、钻石和香草。哥哥没多久就受不了妻子，弟弟则越来越爱妻子，两人幸福快乐地白头到老。

小时候我以为这只是一则普通的童话故事，长大后回想起来，才明白姐姐妹妹讲的话语本身，不就是蟾蜍、蝎子、臭虫与玫瑰、钻石、香草的区别吗？

◆ 为什么要恶语相向

很多夫妻与对方说话的时候，初心绝对是好的。但是在看到对方不足，想要指出、想要帮忙改正时，却永远只会用一种方法——用语言将对方自尊击垮，却不去表达自己的真实用意。

小雅打掉孩子，丈夫心里也很难受，但他不仅尊重了她的决定，还来关心她。小雅心里真正的感受是对未来的焦虑，以及打掉孩子的痛苦。她完全可以告诉丈夫，打掉这个孩子我也很难过，但是我对未来很焦虑，我总觉得我们挣的钱还不够。而实际上，她说出来的话却全是指责丈夫，差辱他“不争气”。如果你总是伤害一个人的自尊，无论他之前多仰慕你、喜欢你，也会渐渐在心理上疏远你，甚至憎恨你。如果你想让别人听进去你的话，就要先自己判断一下，你是送别人一只蟾蜍，还是一朵玫瑰。

恶毒的语言在亲密关系中更容易存在。因为关系亲密的人在一起会更放松，觉得百无禁忌，很容易按照自己固有的语言习惯去讲话。这时，就需要去好好研究一下自己的讲话模式。明明是一番好意，怎么偏偏口出恶言?

◆ 怎样和这类伴侣相处

如果你的伴侣是这样的人，在相处过程中，你只能比他更加高明，去体会他语言下面隐藏的真实意图才行。你可以问他：“其实你是担心我，才会这样口不择言吧？”然后告诉他你的感受：“你这样说，我很生气。”或者告诉他：“如果你在担心我，就告诉我你在担心我。”但作为伴侣，更应该做的是去觉察、发现自己的语言模式，然后去改正。因为总是要一个人去理解对方语言深层的意思是一件很累的事。如果伴侣持续如此，一点儿改变的迹象都没有，最终你们二人的关系会受损，心会越来越远，亲密关系也很可能就此终结。

04 “万事不求人”是一种童年创伤

一个只想保持“暧昧关系”的男人

我的一个朋友小静有一个朋友，为人处世有个原则——万事不求人。小静和这个朋友还有过一段“恩怨情仇”。小静大四实习时，认识了这个人，他是一个大她几届的男生。这个男生知道小静是自己学妹，对她很是照顾。小静觉得这个男生工作能力很强，性格酷酷的，对他很有好感。男生也常给她“传授”工作经验，比如不要和公司里的人走得太近，其实大家都在钩心斗角；或者不要去麻烦别人，不然别人会看不起你。甚至告诉她：“大家都怕领导，我就不怕，我又不求他什么。人不求人一般高。”相处久了，他们就有了比普通朋友多的感情。小静一度觉得这个男生对自己也有好感，一直等他捅破这层关系，但这个男生就只是和她保持暧昧距离。小静想，是不是他不好意思，要不我主动一点儿？奇怪的是，当她尝试和男生进一步发展的时候，男生突然就对她冷淡了。一段时间后，小静痛苦地接受了自己的失恋。

直到大学毕业，小静再没和他联系过。但就在小静刚开始工作后不久，这个男生又主动联系上她，解释这么长时间没联系是因为自己太忙，并且又开始嘘寒问暖，仿佛两人之间完全没有之前的隔阂。小静一开始还有点儿生气，不想再联系这个人。可他每天都找她聊天，小静渐渐又心软了……两人又越走越近，很多人都以为他们在谈恋爱，连小静自己都默认他们是在谈恋爱。

然而有一次，认识两人的一个朋友告诉小静，有人在给这个男生介绍对象，问他有没有女朋友，他说“没有”。小静气坏了，干脆打电话质问这个男生和自己是什么关系。男生说：“我就当你是小师妹。”小静不甘心，继续追问：“那为什么和我走这么近？”男生回道：“我以后离你远一点儿。”然后又补充道：“恋爱太麻烦，我们都还年轻，要把心思放在事业上。我的事业刚起步，不想被这些事情分心。人都要靠自己，女人也一样，别总想着……”男生还没说完，小静就挂断了电话。

后来小静去别的城市工作，男生还找过她，加她微信，怪她离开也不告诉自己，小静呵呵一笑。小静偶尔能从两人共同的朋友口中听到他的消息。这个男生似乎一直没有交往正式的女友，可又不断有“红颜知己”。某天，他突然告诉大家他要结婚了，给大家发请帖。但没几年，这个男生又离婚了。有人打听原因，他说是前妻太依赖他，而且管得太多，他一点儿自由都没有，觉得很烦。他一开始就不想结婚，但前妻死缠烂打……

反依赖者的性格特点

小静说完问我，这个人有些什么问题吗？我觉得，这位男生的行为很符合心理学上的一种行为——反依赖。反依赖型的人常常表现出对人际关系的绝望感，信仰厚黑学。他们可能有很多“朋友”，但几乎没有深交的人。因为对任何人都缺乏信任，他们很少向别人寻求帮助，所以“万事不求人”是他们的生活原则。

这类人对亲密关系的处理也是若即若离，每当觉得有人接近自己，他们就会选择远离，用冷漠的方式阻止别人再靠近。即便他们走进婚姻，在情感上也不会向对方敞开心扉，既不要求对方给予情感支持，也不给予对方情感支持。如果对方抱怨，他们还会指责对方软弱、过度依赖。“我很忙”是他们常说的话。有些人是工作狂，有些人会投入到很多兴趣爱好中，但主要目的是为了逃避亲密关系的建立。

“反依赖”和“独立”表面上容易被混淆，但实际上二者差异很大。独立的人不反感、不恐惧亲密，他们对亲密关系有正常的渴望，即便在失去一段亲密关系后，也会积极建立下一段亲密关系，不会过度负面解读人性。但反依赖型的人很回避建立亲密关系，甚至有些深情的话语在他们看来是尴尬、恶心、令人害怕的。反依赖者常常会感觉到孤独，因孤独引发抑郁和焦虑。所以，他们会寻找亲密关系，但不去深入发展，他们的很多“爱情”都止步于“暧昧阶段”。

“反依赖”其实是一种童年创伤

反依赖者的形成，往往和他的童年经历有关。我问小静：“你知道这个人和父母感情如何吗？”小静说：“他父母都是列车员，所以他出生没多久，父母就把他送到爷爷奶奶家生活。爷爷奶奶不仅要照顾他，还要照顾另外2个孙子。他在奶奶家一直待到5岁，又去一个姑妈家生活了几年。直到初中，才和父母生活在一起。这些亲戚对他倒没有不好，只是他和家人相处时都非常‘客气’。”

每当男生说起小时候的事情，小静都会感觉很同情他。但是他却“很得意”，认为自己从小就不麻烦别人，能自己做的事情全部自己做。他说：“我不想欠别人什么，包括我父母。”这显然不是一个温暖家庭养育出来的孩子会说出的话。

当一个人还是孩子的时候，他对抚养者的需求是很多的。如果抚养者对他的生理需求和情感需求置之不理，或者常常无法回应，这个人会压抑自己的需要，不让自己经历失望的痛苦。如果他的需要不仅不会被回应，还因为某些需要被抚养者厌恶、责骂，他会发现表达自己的需求是一件很危险的事情。

这个男生小时候一直寄人篱下，他的生存环境本来就缺乏安全感。如果他在表达需求的过程中还遭受过挫折，他的内心会很恐惧，担心被别人讨厌。虽然他总是在强调自己的独立和坚强，但反依赖者内心深处很自卑——他不敢让别人发现他软弱的内心，觉得自己不值得别人为其付出。

人和人最好的关系，并不是两不相欠，而是持续不断地相互付出与接受。人际关系有“欠”才有“还”。一欠一还，两人互动才会多，情感才会更加亲密。两不相欠又不想再次给予和付出的时候，也就是一段关系结束的时候。当一段关系不断深入发展，付出和接受也会越来越多。一个对“索取”有着恐惧的人，很难走到一段关系的深处。

和反依赖者发展亲密关系是一件很痛苦的事情，伴侣常会觉得走不进他们的内心世界。如果伴侣向他们索取，他们会觉得伴侣需求太多，依赖性太强——因为他们自己没需要，就会觉得别人的需要很不应该。如果反依赖者能够意识到自己的问题，就有机会通过心理咨询寻求改变。因为改变观念之后，他们会发现人生并不是自己想的那么灰暗，人性也并非自己以为的那么冷漠。但遗憾的是，很少有反依赖者会意识到自己性格上的问题，从而去进行心理治疗，尤其是疗愈自己童年留下的创伤。

05 人生大多的不顺，都是“孩子”造成的

为什么婚后性格大变

小敏是公司的业务骨干，她所在的这个部门从来都只有男人当主管，而她是这么多年来公司唯一胜任这个级别的女性。

小敏也为了这份职业付出了很多，她37岁才结婚。然而刚结婚一年多，老公就要和她离婚。老公觉得她婚前婚后简直判若两人，甚至怀疑小敏婚前独立、坚强、善解人意的样子都是装出来的。老公是某家上市公司高管，有过一段婚姻。离婚后，前妻去了国外，儿子和他一起生活。老公是个很挑剔的人，离婚后谈过好几次恋爱，都觉得对方不适合结婚——太年轻的不成熟，年龄相仿的又对他儿子不好，经济条件差一些的他又担心对方看上了自己的财产或人脉……直到小敏的出现，让他觉得终于遇到了“完美女人”。小敏漂亮、知性、独立、温柔，更关键的是很会照顾人，对他和儿子都很好。两人谈了七八个月恋爱就结婚了。

但是婚后，老公发现小敏渐渐变了……最初，小敏会不断问他：“你

到底爱不爱我？”一开始，他还觉得像小敏这样的女强人表现出小女人的样子很可爱，但被问的次数多了，就觉得是种负担。小敏还总要追踪他的行迹——有时候逼着他回家吃自己“辛辛苦苦”做出来的晚餐；有时候逼着他拍加班视频以证明自己真的是在公司加班；甚至还有两次，小敏借着“送消夜”的名头去公司“查岗”……更让他不解的是，小敏甚至要争夺自己和孩子在他心里的地位。有一天睡觉前，小敏突然问他：“在你心中，我和儿子谁重要？”他想都没多想地说：“当然是儿子。”就为这句话，小敏居然哭了一个晚上。最让他受不了的是，小敏明里暗里让他把儿子送到国外前妻那里，说国外教育好、生活环境也好之类的理由。因为要花很多精力去“控制”老公，小敏自己的工作都被耽误了，甚至出了很大的纰漏，差点儿被公司解雇。

可即便付出这样的代价，即便理智上清楚这样做不对，甚至知道再这样下去会面临离婚的后果，小敏仍然难以控制自己的冲动。其实小敏很爱老公，她也知道无论谁都不能替代儿子在老公心里的地位。但不知道为什么，她就是很嫉妒，而且非常担心老公不爱自己。

认识“内在小孩”的存在

为什么有些人在亲密关系的发展过程中导致性格、行为大变；为什么有些人要强人所难；为什么有些人在某些场合会突然暴怒，而自己明明不是个坏脾气的人……如果一个人忽略掉自己人格中的一部分，就很难表现出真正成熟的行为和情感，这种人格叫作“内在小孩”。

人类的心理可以区分成不同的人格部分，正常人能够在大部分情况下表现出同一种人格，但是那些没被表现出来的人格不仅存在，还会或多或少影响人的生活。

“内在小孩”更像是一个人人格中无意识的部分，这部分人格往往在0～6岁形成，而大部分人对这段时间记忆模糊，甚至没有记忆，所以很难意识到这部分人格会影响自己。“内在小孩”不仅有快乐的部分，也有伤痛的部分。有心理学家将它分成两类——“阳光小孩”和“忧郁小孩”。有很多成年人会在某些特定时刻、某种特定关系中，退化到“幼儿期”，表现出不成熟的行为。你可能会发现一个成年人展露出“像孩子般的傻笑”“快乐得像孩子一样”等，这就是“阳光小孩”的影响，他通常不会给人带来麻烦。但是“忧郁小孩”就不同了，他常常会成为一个人“不幸”的根源。一个人越不重视自己人格中的“忧郁小孩”，就越会麻烦不断。

“忧郁小孩”是一个人人格中受过伤害极其脆弱的部分，他们会通过种种“问题”行为来提醒这个人——我不快乐、我需要被重视、我受伤了……亲密关系有时会让人变成孩子，重复自己的原生家庭模式。

小敏心里很可能住着一个完全没有安全感的“小女孩”。那个独立的小敏，是她的“内在大人”人格，她也许在工作中，甚至在恋爱早期阶段一直压抑着自己的“忧郁小孩”；但在亲密关系中，这个“小孩”出现了，她极度渴望被关注，完全不能忍受“爱”被分享。如果小敏一直意识不到自己人格中的这一部分，她就永远解释不了自己为何会那么嫉妒、那么不安。

觉察并疗愈你的“内在忧郁小孩”

几乎每个人内心都会有“忧郁小孩”，因为每个人的童年情感中一定会有恐惧、悲伤、孤独、愤怒、痛苦的部分，并非完全是父母养育方式的问题，而是一个脆弱的儿童在长大过程中必然会体验到的感觉。

当你突然出现自己不解的情绪或行为，你可以选择闭上眼睛，尽量去感受一下自己的内心，或者在平静下来以后，找一个安静的地方去回忆当时“失控”的状态，很可能就会在脑海中出现一个小孩的形象，那就是你的“内在忧郁小孩”。

一个成年人的人格中，除了有“内在小孩”的部分，也有“内在大人”的部分，你可以做自己的“父母”。当“内在小孩”出现时，大部分人其实有能力用成年人的人格去安抚他、照顾他。当你能感受到他的时候，就对他说：“小时候没有人好好照顾你，现在我已经有能力好好照顾你了；小时候没有人陪伴你，但现在我是不会离开你的……”你甚至可以抱紧自己，想象出一个母亲紧紧抱着受伤的孩子的画面。

希望每个人都能记住这样一句话：你要好好照顾自己。你是个成年人，请好好照顾自己的“内在小孩”，了解他的需要、了解他的情绪，对他温柔以待。很多时候，这个“小孩”的需要和情绪被处理好了，你自己的很多问题都会迎刃而解。成年后的你，可以做自己的“父母”。

CHAPTER

3

像经营企业一样经营婚姻

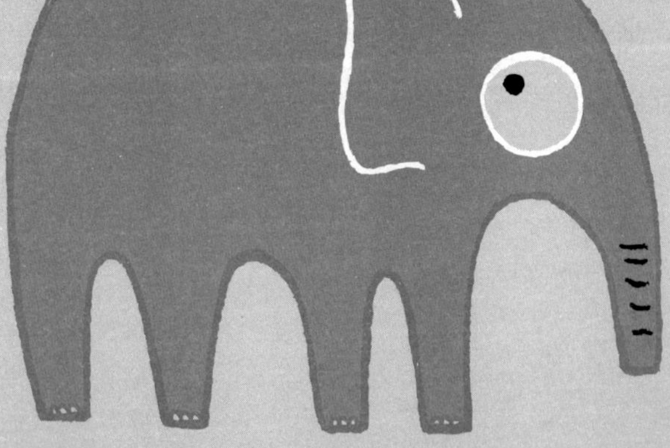

有时，若夫妻能够换一个角度思索自己的婚姻，将伴侣看成自己的“生意伙伴”，在婚姻中运用一些“商业思维”，可能就会对婚姻有不同的看法。

01 巧用“小花招”，提高婚姻幸福度

◆ 通过肢体语言缓解伴侣的焦虑

一位心理学家邀请了一些夫妻参加实验，他告诉参加实验的夫妻，他会用一种微小的电流电击妻子。他把妻子分为三组：第一组妻子可以握住丈夫的手；第二组妻子可以握住陌生人的手；第三组妻子只能自己忍受电击，不能握住任何人的手（电击并不是真的）。

那些只能握住陌生人手的妻子和不能握住任何人手的妻子，知道自己会被电击前异常焦虑不安，血压明显升高；而那些能够握住丈夫手的妻子，虽然也会焦虑，但焦虑感并不严重，她们的血压上升幅度也比另外两组低得多。

这个实验说明，仅仅是牵手这一个动作，就能缓解伴侣在压力环境中的焦虑感。生活中有很多压力事件，如果你不擅长用言语安抚，不妨在对方感到焦虑的时候，握住他的手。除了牵手，其他肢体接触也会迅速建立起伴侣之间的亲密感。比如拥抱、亲吻、抚摸对方，都会迅速拉近两人之间的关系。

◆ 不要急于下糟糕的结论

很多研究发现，对婚姻感到幸福的夫妻和感到不幸福的夫妻有一个很大的差别——当伴侣没有满足自己期待的时候，他们对此解释的方式不同。

幸福的夫妻会认为是外界原因导致，而不幸福的夫妻则往往认为是内在原因导致。打个比方，你给伴侣打电话，他一直没接，你会怎么想？不幸福的夫妻往往直接归咎为伴侣的某种性格缺陷，比如“他就是那么自私，从来不在乎我”；而幸福的夫妻很可能将其归咎为暂时的外部原因，比如“他今天可能太忙了”。

如果你能够理解，对方没有满足你的期待，可能并不是他的本意，你们的关系将会变得更好。

◆ 从旁观者角度看待你们的争吵

一位心理学家对120对新婚夫妻进行了跟踪调查，结果显示，一年后有些夫妻对婚姻的满意度下降了。他教给其中一半的夫妻一个方法：当你们吵架的时候，想象自己是这场吵架的旁观者，这个旁观者希望看到你们最后和好。

这个旁观者会怎么看待这次吵架？这位心理学家带着这些夫妻进行练习，直到他们都能掌握这种旁观者视角。到了第二年，他发现，采用这个方法的夫妻对婚姻的满意度都有了不同程度的提升，但是没采用这种方法的夫妻对婚姻的满意度还是在下降。

◆ 全身心和伴侣在一起

当你和伴侣相处的时候，拿出一段时间全神贯注地和他待在一起，不看手机、不接电话、不看电视，就是全心全意地与对方在一起聊聊天。你们每天这样做的时间哪怕只有10分钟，都会极大提升关系质量。

◆ 与伴侣一起回忆你们是如何爱上对方的

很多伴侣自以为很清楚两人的相爱过程，实际上完全不是这样，他们记忆中可能是两段完全不同的爱情故事。

一位咨询师讲了一个令她难以忘怀的故事。一对夫妻将要离婚了，他们打算再为婚姻做最后一次努力——进行一次婚姻咨询。妻子对咨询师说："这么多年，我一直感觉不到他爱我，我们从一开始就是我爱他更多。我们刚认识的时候，他在追求我的一个朋友，追了很久追不到，他根本不知道我一直暗恋他。后来有一次，我们都喝多了才在一起，但他一直对我心不在焉，这么多年我真是受够了！"

但这是实情吗？未必！因为丈夫是这样讲述这个故事的："那天晚上，我第一眼见到她，就觉得她很可爱，我从没想过我会对她这类女孩动心，我之前追求的都是另一类型的女人。她以为我在追求她的朋友，但实际上我很早以前就不再追求她的朋友了，我觉得她的朋友很做作，让人有点儿反感。

"我对妻子其实算是一见钟情。我暗恋了她很久，但不知道怎么说出口，直到有天晚上我们都喝得有点儿多，我才鼓起勇气告诉她'我们在一起吧'。我一直不知道怎么和女人相处，我知道我有很多问题，但我真不知道她怎么那么爱生气。有时候我甚至不知道做错了什么！"

妻子听完觉得不可思议，她问丈夫："你觉得我可爱？我从没听你说过。"丈夫说："这些有必要说吗？何况你也没问过。"

这位咨询师后来发现，很多夫妻从没一起回顾过彼此的爱情故事，却独自在心里编了一个对方如何不爱自己、贬损自己的故事，然后对对方充满怨言。他们一直在幻想中生着闷气……一起回忆你们如何爱上对方这个过程，可能会让你重新经历被人爱上的感觉。如果你总是问对方爱不爱你，不如把这个问题改为：当初你是怎么爱上我的？

◆ 赞美对方

没有一个人会对赞美自己的话感到厌倦。这里所说的赞美，不是虚伪的奉承和拍马屁，而是真诚地看到对方的优点，然后告诉对方。

心理学家研究过到底什么样的爱情让人满意度更高、更持久，他们发现：当一个人感觉和对方在一起后自己变得比以前更好的时候，他对这段关系的满意度会最高。这也就解释了，为什么有些人不会选择那些外部条件更好的人当伴侣，而是选择一个条件差一点儿的人。有时对方过于优秀，反而会显得自己很“不足”。来自伴侣真诚的赞美会提高一个人的自我价值认同，尤其是对那些内心有点儿自卑的人，因为他们总是聚焦在自己的缺点上。如果伴侣总能让对方将注意力转移到自己的优点上，两人相处的时候感觉就会更好。夫妻之间的语言对彼此有特殊的魔力——你说他是魔鬼，他就会越来越像个魔鬼；你说他是天使，他就会越来越像个天使。

这些小“花招儿”虽然解决不了婚姻和情感关系中深层的纠葛，但对提升日常幸福度有一定效果，也花不了多少时间。

02 建立“情感账户”，让婚姻持续“增值”

我凭什么总要收拾你的烂摊子

有段时间，妹妹和妹夫的关系很差，他们时常“冷战”，假装对方不存在。有一个周末，我和妹妹约在她家附近吃饭。聊到近况，妹妹抱怨了丈夫很多缺点，她感觉婚姻难以为继。吃完饭，妹妹说：“你到我家去看看就知道我为什么觉得没法和他过下去了。”

走进妹妹的家，我真是吓了一跳。家里又脏又乱，像一个等待服务员收拾的酒店房间。几件皱巴巴的衣服散乱地堆在沙发上，客厅的桌子、柜子上都积着灰，木地板上一摊摊的污迹，角落里的灰都成团了。妹妹把一双扔在地上的男士皮鞋一脚踢开，然后转过头对我说：“你看，他就把这里当酒店，鞋子从来都是乱扔。”

我说：“你天天住家里，好歹也收拾一下吧。”妹妹说：“我们结婚后基本上都是我做家务，让他帮忙扫地、洗衣服他都不肯，除非我发脾气。他扫过的地，再扫一遍还能扫出来一堆垃圾。拜托，我也很累啊！要不做，大家都不做喽。凭什么总是我一个人收拾？”我说：“这种环境，你怎么住？”妹妹说：“我就住卧室，他住客厅。每天早上我上班走前就把卧室门锁了。”

妹妹说，她也不记得两人怎么就搞成现在这样了。大概是有一次她让妹夫洗碗，他给忘了，两人吵了一架。还有一次是妹夫嫌弃妹妹做的菜不好吃，两人又吵了一架。妹妹觉得，你什么都不做还嫌弃我，我凭什么做？以后要吃饭自己想办法，我不伺候了。她从此不再进厨房。

那段时间两人常常吵闹。妹夫回家也不太说话，就开着电脑玩儿游戏。有一次出差回来后，妹妹就把他的衣服、被子扔到了客厅里，还把卧室门锁上了。妹妹说：“我把房间收拾得好好的，他就会捣乱。我凭什么总要收拾他的烂摊子？”从此以后，两人几乎没有交流，就形成了现在这样的局面：一个住客厅，一个住卧室。加上妹夫常出差，两个人几周不见面都很正常。

“凭什么”3个字是婚姻的预警

当“凭什么”这3个字频繁出现在婚姻中时，这段婚姻就有危险了。

任何相处的两个人，哪怕是父母和子女，都在心里有一个对待彼此的“感情账户”。当对方为我们做了一件事，或者给予了我们称赞和肯定，就相当于在这个账户中多了一笔存款，账户中的资产就会增加。这些资产有什么用呢？它能够在两个人出现冲突的时候起到缓冲作用。当对方伤害了你，无论是说了伤人的话，还是做了伤人的事，这个账户中的存款就会减少。如果存款足够多，不会因为几次“伤害”就导致这个账户“破产”。但是如果伤害不断，账户上的储蓄就会不断减少。

当一对夫妻开始思考“凭什么”的时候，他们的婚姻就有些问题了。在幸福的婚姻中，夫妻相互付出时并不会去计较，他们的“情感账户”会一直顺利增值。但在不幸的婚姻中，夫妻双方会斤斤计较自己的付出与收获。当一对夫妻都有“凭什么”这种想法时，他们就会限制向对方账户进行储蓄，除非他们认为对方先“投资”了，他们才会考虑“回报”一下。有些人干脆停止了“投资”。当他们停止“投资”的时候，其实一直在消耗过去的“存款”。这些“存款”可能是过去两人彼此付出的积累。等有一天这些积累被消耗殆尽，他们的婚姻也就走到了尽头。

“凭什么”3个字，可以将一对恋人变成一对“斤斤计较”的敌人。

用“爱的 5 种语言”重新建立“情感账户”

提出“爱的5种语言”的美国婚姻家庭专家盖瑞·查普曼说，人们感觉到被爱，常常有5种方式：被对方赞美，对方为我做一些事情，对方全心全意陪伴我度过一段时间，对方送我一些礼物，和对方亲密的身体接触。

讲讲我是怎么建议妹妹和妹夫改善关系的吧。

我和他们分别谈了谈，建议他们要想有所改变，两人必须要走出第一步——为对方做一件事，这件事一定是对方很想要达成的事。妹妹选择帮丈夫把换下来的衣服洗了。在做这件事的时候，妹夫正在出差，所以他并不知道妹妹做了这件事。等他回家的时候，看见衣服叠得整整齐齐放在沙发上。妹夫后来对我说："出差一周拖着疲惫身躯回家时，看见那堆洗净叠好的衣服，心里头突然觉得暖暖的。"

第二天，妹夫就订了一家妹妹很想去，但一直没去的餐厅吃晚饭。两人太久没说话，妹夫有点儿不好意思，给妹妹发了信息说："订了晚饭，一起吃吧。"然后发去了餐厅定位。妹夫选择了全心全意陪伴对方一段时间和送给对方一件"礼物"——心仪已久的晚餐。

虽然两人那晚就和好了，但是他们仍然需要建立一个"情感账户"。对于已经开始计较付出的夫妻而言，这个"账户"可以是真实的一个记录，让练习更容易。每当你为伴侣做了一件事，每当你回应了伴侣的谈话和需求，每当你给了伴侣一件东西、一次赞美、一次肯定，你都可以记下来，这些就是你的"投资"。每当你拒绝了伴侣，辱骂了伴侣，回避了他的需求，你也需要记下来，这些就是"负债"。一段时间后（比如一周），将投资和负债相减，看看"账户"的余额。

此外，当两人都开始做这个练习的时候，他们除了关注自己的行为，也要关注对方的行为，尤其是不要忽略对方"示好"的行为。为了避免忽略对方的示好行为，伴侣间可以一周交流一次自己的"记录"。看看有哪些自己认为是向对方示好，但是对方忽略掉了的。

建立"情感账户"的目的，是为了让双方更加清晰自己和对方在婚姻中的行为，而不是把这种行为当成补偿或争吵的"资本"。最好是双方能够一起建立"账户"，才能更多地看到对方为这段婚姻做了什么，而不是监视对方没做什么。还有一点，即便是夫妻，有时也会说不清对方最需要的是什么，这时需要相互问对方一句：你希望我为你做什么？

03 赞美——婚姻里的“解毒剂”

被“赞美”挽救的婚姻

有一对夫妻结婚十五六年了，丈夫是一位外科医生。如果你了解外科医生的工作，就会知道外科医生往往是超时工作的一群人，平衡工作和家庭，对他们来说就像“走钢丝”。妻子和别人聊天的时候常常自嘲，说自己是家里的保姆，要照顾一大一小两个“孩子”。

自嘲归自嘲，但这对夫妻的感情其实很好。丈夫若受邀参加一些会议，只要能带上妻子，一般都会带上。遇到相熟的人打招呼，别人只要称赞他，他就会将称赞转到妻子身上。比如有人说：“赵医生，您最近气色越来越好了。”他会说：“多亏太太饮食调养得好，常常煲汤给我喝。工作这么忙，没有她我早累垮了。”说话的人一定会羡慕地称赞站在一旁的妻子，说：“赵医生真是有福气，娶到这样的好太太。”若有人称赞他：“赵医生，你今天穿的衣服很好看。”不管妻子在不在身边，他都会说：“我哪儿会选衣服，是老婆眼光好。”甚至工作被评为优秀，丈夫上台领奖致辞都绝不会忘记妻子，第一句话一般是：“我能得这个奖，都是靠我太太的支持，没有她，就没有我今天的成绩。”

因为常常称赞妻子，大家都知道赵医生很爱自己的妻子。每当有人在妻子面前表示羡慕赵医生这么爱护太太，妻子就会嗔怪丈夫：“其实我先生才划算呢。他就会动动嘴皮子夸我，说我做饭好吃，我就越发爱研究怎么做；说我把家布置得温馨，我就越发爱收拾房间。我这人就是听不得别人说我好，越夸我，我就越爱表现。结果家里大小事情我基本上全包，还做得心甘情愿。我这辈子就栽他那张嘴上了。”嗔怪归嗔怪，妻子心里其实很乐意。但这对夫妻的婚姻并非一直如此顺利，他们也曾经历过一道差点儿过不了的坎儿。

那时两人刚结婚七八年，孩子3岁多。丈夫正在晋升的关键阶段，压力很大，回家就黑着一张脸，不仅什么家务都不做，还经常给妻子脸色看。孩子一哭闹，他就怪妻子没把孩子看好；孩子一生病，就怪妻子照顾不周。后来两人只要一吵架，丈夫抱着被子就住到医院去了，几天不回家，连和妻子吵架的机会都不给。妻子一开始忍着，想尽一切办法开解自己，但是委屈多了谁也受不了。终于在孩子快上小学时，妻子提出离婚。

当知道他们要离婚的时候，两边的家人都来劝阻。终于有机会诉说自己的委屈，妻子声泪俱下说了很多，丈夫只说：“我工作那么忙，哪能顾得了这么多？”妻子说：“你不做也就算了。但我做了这么多，竟然一句好话都落不着吗？”丈夫恍然大悟：“你就是想让我说些好听的话吗？”妻子说：“你难道看不到我为这个家付出了多少？大家都有工作，可全家都靠我一个人撑着，你什么也不管还挑三拣四，这样的日子怎么过？”

这次离婚危机终于被大家劝住，丈夫也开始改变自己对妻子的言行，尝试去肯定和赞美妻子。不过做起来很难，对于一个过于理性又不善于表达感情的男人，赵医生一开始感觉说这些话很尴尬。虽然一开始说得刻意又做作，可是这个“赞美”的举动却成了两人关系极重要的“破冰”行为。赵医生仍然没办法承担很多家庭任务，但他和妻子的互动关系却发生了彻底改变。为了赞美到“点子”上，赵医生对妻子关注得更多、更细腻，这样的关注也让他更加了解妻子。越是了解，他就越是发自内心地感激妻子的付出，工作之余会尽量回家陪伴妻子、孩子；有时出差，能带上妻子就一定带上。

夫妻之间一方行为改变，必然会影响另一方。当妻子觉得自己的付出被肯定的时候，她的抱怨也减少了，也更愿意去体谅丈夫。丈夫的赞美行为当然也会影响到妻子，后来妻子也会时不时在大家面前夸赵医生的各种好。夸着夸着，两人相互喜爱的程度也越来越高。

“赞美”是婚姻中必不可少的“解毒剂”

赞美源自对伴侣的欣赏与喜爱。一对恋人能够进入婚姻，他们之间必然建立起了一个互动系统——相互喜欢和欣赏。但遗憾的是，这个系统常常会在婚后失效。婚后，很多现实的问题如果解决不好，就会对这个系统造成冲击。当一对伴侣之间的欣赏和赞美消失殆尽的时候，麻烦就会接踵而至。

前文提到过，最容易导致离婚的行为有4种——指责、蔑视、防御和回避。当一对夫妻之间的欣赏系统失效的时候，他们之间就更容易出现指责和蔑视的行为。这也很好理解，当一对伴侣不再欣赏彼此，等他们之间出现冲突的时候，就更容易去指责对方。指责频频出现就会导致另一种行为——蔑视的出现。蔑视表达了人的厌恶之情，一对相互厌恶的人怎么可能携手过上幸福的生活呢？相互表达厌恶之情根本不可能解决问题，还可能使两人的互动恶化，最后变成“冷战”。

当一对夫妻在还是恋人的时候，他们也会发生冲突和对抗，同样会出现指责、蔑视、防御和回避，但这4种行为并没使他们分手，因为在恋爱期，“喜欢”和“欣赏”这个系统还在运作。哪怕对方真的做出很过分的行为，说出很过分的话，这个“系统”还可以消化这些“毒素”。赞美对方，是一对夫妻在婚后保持这个“系统”继续运作的重要方式。赞美不仅使得双方更加关注对方，还能让他们及时告知对方“我在乎你”“我看到了你的付出”“我觉得你很好”，并且这些赞美之词也在提醒他们自己——我的伴侣拥有这些美好品质。

赞美如此重要，别让这支“解毒剂”在婚姻中丢失。

04 你的态度，决定婚姻的温度

被地震“震碎”的婚姻

可能人们都知道，汶川大地震震碎了很多房屋，但或许很多人并不知道，汶川地震还“震碎”了很多婚姻。余姐的婚姻就是其中一例。一切平静下来之后，她做的第一件事就是离婚。她说，自己想明白了：生命很宝贵，说没就没，劫后余生，她要为自己活了。

结婚十多年，余姐记忆中大半都是在怨怒、隐忍中度过。她老公也算不上坏人，但对她不好。她感觉丈夫对随便一个什么人都比对她体贴。老公对外人挺仗义，好朋友很多。哥们儿岳母想去三甲医院看病，他想办法帮别人挂上号，老太太住进医院后，他还去看望过一两次。可余姐半夜阑尾炎犯了，他却在外面和人打麻将，叫他回来，他说：“你自己叫个车去医院，我这儿走了没人顶上，大家都玩儿不成了。”这样的事太多了，一开始，余姐还吵，吵多了老公干脆摔门而去，找兄弟朋友玩儿，留她一人在家“反思”。

她不是没想过离婚，想了好几年，后来想想孩子太小，离了婚孩子怎么办？周围的人也在劝，说她老公没有原则性的错误，过几年就好了。然而，情况并没变好。他们生活在一个屋檐下，渐渐变成各过各的。如果不是突如其来的地震，她还不会想那么多，日子还是能凑合过下去。

为什么会有“妻子出走综合征”

美国一位婚姻家庭治疗师温娜·戴维斯发现了一种叫作“妻子出走综合征”的现象。在美国大约有三分之二的离婚是由女性提出来的。不是因为女性对婚姻态度太轻率，恰恰相反，很多坚决离婚的女性是在忍受了多年苦闷，最终觉得毫无希望时才决定离婚的。

提出离婚的女性大致会经历这样一种模式。

在婚姻最初几年，女性往往是这段关系的情绪照顾者。她们会将婚姻放在第一位，希望和丈夫保持亲密关系，但常常会被丈夫“泼冷水”。委屈、失望的妻子会更加强烈地追着丈夫想要“连接”。在这个过程中，丈夫会听见妻子越来越多的抱怨，比如“早知道你是这种人，我怎么会和你结婚？”“你听见我说什么了吗？”“你到底在不在乎我的感受？”……这样的抱怨会让丈夫和妻子的心理距离更远，丈夫更不愿意花时间和妻子待在一起。他们会选择和朋友待着、和孩子玩儿，甚至干脆逃到网络世界中。妻子吵也吵过、闹也闹过，最后心灰意冷。

在一次次的挫折和年复一年的失望中，妻子开始悄悄探寻这段婚姻的“撤退之路”。在妻子规划“撤退之路”的时候，她们心中就会出现这样的声音——“等孩子再大点儿就离婚”“如果我遇到对我真正好的人，我就坚决离婚”“我不爱他，就当是和他合租吧”“就当是多一个人抚养我的孩子”“等我可以工作了，我会坚决离开这个男人”……在铺设这条路的时候，妻子的精力不再放在他们的婚姻上了。有些妻子并不真的打算离婚，但是她们会在精神上和丈夫离婚，比如把全部精力放在孩子身上。这可能也是为什么有的研究发现，离婚后大部分女性感觉自己比以前幸福了，但感觉自己比以前幸福的男性却少很多。很多男性会因为愤怒而离婚，然后通过烟酒来麻痹离婚后的失落；还有很多男性会迅速进入一段新的关系中，但新的关系大部分也会草草终结。

丈夫对待妻子的态度决定了婚姻的幸福度

妻子感觉丈夫愿意关注自己、尊重自己，愿意体谅她的需求，她对婚姻的满意度就会很高。女人天生是“感受型”的生物，丈夫越温柔待她，她越会感觉幸福。丈夫通过什么方式才能给到妻子这种感觉呢？美国心理学家约翰·戈特曼教授通过十多年的研究发现，当丈夫允许妻子影响他的时候，妻子就会有这种感觉。

什么叫“丈夫允许妻子影响他”呢？简单来说，就是常常愿意考虑妻子的感受，而不是只顾自己。这样的丈夫，有时会被别人嘲笑“妻管严”“怕老婆”。但所谓的“怕”也并不是真的害怕、畏惧，而是尊重和体贴的合体。有位丈夫说：“我们家大事我说了算，小事我老婆说了算。但是，什么是大事、什么是小事，我老婆说了算。”这位丈夫是真的怕老婆吗？不是，这句话恰恰表达了他对妻子的尊重和体贴，也表明自己愿意被妻子影响。

幸福婚姻的基础就是双方对等的尊重和体贴，但为什么要特别强调丈夫对妻子的态度呢？不是女性对丈夫的尊重和体贴不重要，而是在大多数婚姻中，妻子做决定时会关照到丈夫的情绪，但丈夫却做不到对等回报。不愿意考虑妻子感受的丈夫可能并不是故意的，他们只是意识不到“感受”对女性来说多么重要，因为他们成长的环境很少让他们关注到同伴的感受。

看看男孩和女孩怎么玩儿游戏，就知道他们有多不同了。

大部分男孩玩儿游戏的时候，他们的目标只有一个，就是“赢”。如果男孩们约好了第二天去打球，有一个男孩说：“我和女朋友分手了，心情很糟糕，我不想去了。”别的男孩最多安慰几句，打球这个活动仍然要继续。对男孩来说，目的才是最重要的，他们不太在意照顾同伴的感受。

可如果是女孩，情况很可能不同。如果一个女孩说：“我和男朋友分手了，心情很糟糕，我不想去了。”女孩们很可能会放弃打球这个活动，转而安抚同伴的情绪。在女孩的成长过程中，她们更在乎关系，也对情绪更敏感，更知道如何安慰别人。所以，当女性走进婚姻的时候，她们的“婚姻情商”比男性高。男女对待关系的不同态度，会成为婚姻路上的阻碍。

在照顾伴侣感受这一块，其实大部分妻子已经做得不错了。所以现在的问题是，丈夫能在多大程度上照顾妻子的感受，将极大影响妻子对这段婚姻的幸福感。丈夫越顾及妻子的感受，妻子就会越幸福。既然丈夫已经照顾到妻子的感受，她的抱怨就会减少，两个人的心理距离会越来越近，他们对这段婚姻的满意度都会提高。

05 好的婚姻，懂得向对方隐藏“黑暗面”

在先生面前戴好“伪装面具”

看《甄嬛传》，观众们会觉得后宫中最有心计的女人都有一个特点——在皇帝面前特别会“装”，比如皇后，她对皇帝有很多怨恨，但是在皇帝面前却表现得各种周到体贴、贤惠隐忍，几乎挑不出错处。相反，甄嬛因为在皇帝面前表明真心，被罚去了甘露寺；直到后来学会处心积虑，才又回到宫中。“鸾凤还巢”后的甄嬛，在皇帝面前藏起了那个真实的自己，反而得到了皇帝更多的恩宠和欣赏，得到了太后的支持，甚至一步步取代了皇后的地位。

其实在爱人面前掩藏自己不好的一面，这样的“心机”人人都有。恋爱时，每个人都会隐藏起不好的一面，但是在婚姻中却常常忘记。很多人会在婚后渐渐变成“华妃”，恃宠而骄，以为依仗皇上对自己的旧情，专横跋扈也无所谓，却不知自己的所作所为，已让对方耐心尽失。婚姻关系让人放松了警惕，以为伴侣对自己的爱已经稳妥，对方应该接受自己真实的样子，所以懒得再去掩藏。

懂得隐藏“黑暗面”，让她获得了幸福的婚姻

有人可能会不解：难道在婚姻中，夫妻不该坦诚相待，露出最真实的一面吗?

C是一个各方面都很优秀的女性，唯独脾气火爆。我与她相识多年，知道如果她被惹火，场面一定相当难堪。她也因为坏脾气得罪了不少人。知道她要结婚的时候，认识她的人都为她捏一把汗——她那样的脾气，不知她老公如何消受。可让人出乎意料，她结婚多年，婚姻一直很幸福。她甚至还告诉我，婚后和老公吵架的次数都很少。

有次聊天，我问她：“你老公的脾气是不是特别好？”她说：“也没有特别好，有时还是挺急躁的。”我很好奇，如果她老公脾气也没有特别好，这俩人在一起怎么可能不常吵架? 知道我的疑惑以后，她说：“其实我的诀窍只有2个字——演技。”这真是一个让人意想不到的答案。看我更加惊讶，她立即解释：“我说的‘演技’不是说我们俩人是假面夫妻，人前一套，人后一套。我说的‘演技’，是我从没让老公看见过我最‘黑暗’的本性。”她也有过和老公冲突的时候，但是那些愤怒到失控的情况，婚后再没出现过一次。

C说，她曾经因为人际关系苦恼，还专门做过一段时间心理咨询。在做心理咨询的时候她开始知道，造成自己这种性格在很大程度上是受到了父母婚姻关系的影响。她一直以为自己的脾气是一种“个性”，没法儿改变，却不知道这是由于童年创伤造成性格中的“黑暗面”。

亲密关系很容易引发一个人再现童年创伤，如果她和一般人相处时都没办法控制自己的“黑暗面”，和伴侣相处时将更难控制。C很为难地问

咨询师："要共度一生的人，不太可能只让他看到我好的一面吧？"咨询师说："只让伴侣看到好的一面不太可能，但是有可能永远不让伴侣看到自己'最坏的一面'。"

中国人一直以来都推崇"收敛锋芒"。这并不是说要完全假装成另一个人，而是收起自己容易伤害到别人的一面。这一点在婚姻中尤其重要。可是很多夫妻能够在外人面前藏起自己的"锋芒"，却在彼此面前锋芒毕露，伤害对方。就像利剑需要收在剑鞘中，以免误伤别人、误伤自己一样，一个人的"黑暗面"也需要一个面具，不能轻易在人前展示。有许多人直到去世，都没有显露出自己最坏的本性，他们也过得很好。

听了咨询师的话，C下决心为自己的"坏脾气"戴上面具。之后她还参加了很多情绪控制、创伤疗愈和冥想之类的课程，努力让自己做到内心平和。C的老公也并非不知道她是一个直率并且脾气火爆的人，但婚后他从未亲眼见过C大发雷霆的样子，他的家人就更没见过。所以在C老公和婆家人的心中，C只是一个性子比较直爽的人，但并不是控制不了自己怒火的人。C还告诉我，因为刻意去掩藏，她的脾气真的好了很多，现在生活中若遇到什么事都不太容易让她动怒。

婚姻如修行，要学会隐藏"黑暗面"

婚姻与修行类似，要不断与自己本性中"不好"的一面战斗，这一面可以永远存留在内心深处，但不会影响到你的生活，以及你和别人的关系。

我们不需要像宫廷剧里的妃嫔那样，机关算尽，处心积虑。但也不应该在婚后将自己的“黑暗面”一览无余地展示在伴侣面前，伤害了伴侣还觉得无所谓。如果肆意在伴侣面前展示内心的“黑暗面”，伤害到了伴侣，哪怕只是一次，也可能将对方彻底伤害。比如，不要在丈夫面前说婆婆的坏话。一旦从你口中说出对婆婆抱怨的话，哪怕客观公正，在丈夫听来也是另一番滋味。他也许会永远记得你说的那句话，永远忘不了你做的那件事，之后再怎么补救，也可能于事无补。

恋爱中，人们都知道要将自己的“黑暗面”藏起来，为何婚后就丧失了这种能力？如果你已经发现自己的某些“黑暗面”可能会伤到伴侣，请多用点儿心，为这些“黑暗面”戴上“面具”吧。

06 及时更新“爱情地图”，婚姻才不会迷失方向

我只想找人“评评理”

记得多年前实习时，有一对夫妻来咨询。那时进行婚姻咨询的夫妻还很罕见，我好奇是什么促使他们来做咨询。

这对夫妻在咨询室里就吵了起来。他们争吵的内容都是些生活琐事，诸如丈夫总是在妻子扫完地以后把烟灰弹在地上，妻子总是在丈夫看电视时候唠叨，说好了谁接孩子临放学时又不去了，谁偷偷给了自己兄弟姐妹钱……他们身边很多亲戚、朋友或多或少都卷入过他们的婚姻冲突，有人劝过，有人给过建议，但基本没用。妻子的一个朋友是心理学老师，建议他们找心理咨询师寻求帮助。但他们找咨询师的根本目的并不是为了改善婚姻，而是想让“专家”帮他们评评理，找出谁是有问题的那一个。

是什么让婚姻迷失了方向

某一天，我看到一位离婚律师写的文章，里面记录了一些他参与的离婚案，他惊讶地发现导致离婚的事情居然都是些小事，甚至养不养宠物这种事都能导致离婚。一件件小事的消极效应积累起来就会造成婚姻的分崩离析，婚姻中的重大危机更可能使一段婚姻立刻“阵亡”。

一对夫妻携手走过几十年，结婚前谁都无法完全预料婚后会发生什么，他们可能会突然面对各类意想不到的情况，比如失业、疾病；面对各种从没处理过的关系，如婆媳关系、孩子的诞生、彼此的兄弟姐妹。这些突如其来的事件和各种各样的关系会让婚姻突然“迷失”方向。

有些婚姻会在前进过程中“迷失”方向，再也回不去；但有些婚姻在面对重大危机事件时从没偏离过轨道。

一个创业者的妻子，她和丈夫结婚时，丈夫正在创业，工资不高，也没有什么积蓄。两人从相识到结婚时间并不长，4个月。刚结婚时，两人工作都忙，老公更是“工作狂”，连度蜜月都带着电脑。老公工作忙，家里的事情基本都没精力顾及，妻子怀孕几个月还得独自搬家。

女儿出生以后，妻子开始全职照顾孩子，这时两人才决定买房。两人没什么积蓄，是家人帮忙凑钱付了首付，自己负责还房贷。直到这个时候，妻子才发现丈夫公司股权分配有问题。等到丈夫去和公司谈判时，公司说，如果想继续留在公司工作，要么拿死工资，要么就净身出户，根本没股权。老公创业7年，就得到这个结果。但在妻子眼里，老公依然是一个能力超强的创业者。

一个女人和一个“工作狂”丈夫结婚，独自应对生活中的很多事，如果说之前支撑着两人度过各类“小事危机”的是“梦想”，现在“梦想”破灭了，他们的婚姻危机出现了吗？没有。妻子表现的全是对丈夫的赞美、心疼和信任，没有一点儿责怪。

“爱情地图”越完善，夫妻关系越牢固

到底是什么让某些婚姻像城墙一样坚固，能够支撑两人度过人生中的重大危机？又是什么让某些婚姻如纸片一般脆弱，坏在那些鸡毛蒜皮的小事上？

有心理学家发现，最牢固的婚姻往往有一个特点，丈夫和妻子有着很强的共识，他们有共同的生活目标，而且相互支持对方的希望和抱负。又是什么让一对夫妻可以拥有共识，相互支持呢？其实并没有任何玄妙，那些越了解对方的夫妻，越容易相互支持，他们也越容易拥有共同的生活目标。你可能觉得奇怪，一对夫妻朝夕相处，怎么会不了解对方？可事实却是，和你同床共枕的那个人，往往会成为这个世界上最可能让你惊讶的人。

美国心理学家约翰·戈特曼教授发现，在每一对夫妻脑中，都储存着彼此的信息，这种信息被称为“爱情地图”。“爱情地图”就像一个伴侣信息的储存库，每一对夫妻大脑中都保存着关于伴侣的很多信息：他的童年、过往经历，他的追求、爱好、理想，他在生活中的各种细节，他的挚友、他对亲人的看法、他的恐惧、怎样能安抚他、他对什么感兴趣……这

个储存库不仅保存着关于过去的信息，还在不断更新，比如最近伴侣生活中发生了什么事，他对一个社会事件的看法是什么，他目前的压力、烦恼是什么，他最近身体状况如何，他开始对什么感兴趣了……越了解伴侣，这幅“地图”就越完善。而这幅“地图”越完善，两人之间关系就可能越好，他们关于生活琐事的纷争也会越少。

在“爱情地图”中找到对方的“雷区”

我有个朋友有“欧洲杯”“世界杯”恐惧症。她说，一旦这两个“杯”开始，她老公就会性情大变，完全沉迷于足球，和他说话都无动于衷。奇怪的是，刚结婚时她老公对足球知之甚少，最近几年不知怎么对足球着了魔。然而她不知道，丈夫工作后发现公司男同事之间有一种“足球文化”，如果在举行这两场足球赛时，不能和其他男同事深入讨论赛事，就会被别的男同事从心理上排斥。丈夫成长过程中有过被同伴排斥的经历，因此他特别害怕这种事情发生。如果妻子在“地图”中缺少对丈夫这些信息的了解，每一次“欧洲杯”或者“世界杯”就会伤害一次他们的婚姻。

对彼此越了解，越容易使一对夫妻避开生活中的小“雷区”。越深入的了解，也使得一对夫妻越容易觉察对方的情绪状态，能够及时给到对方需要的支持。

记得一位咨询师朋友曾提到过一个案例。有一对夫妻到诊所咨询，差不多半个小时的时间里，妻子都在述说丈夫“伤害她”的行为，比如对她冷暴力、生病不关心、玩儿游戏玩儿到半夜，很少和她沟通……到第二次咨询时，咨询师觉察到丈夫的消极情绪，在她的建议下，丈夫做了情绪量表测试，这才发现丈夫已经处于中度抑郁状态。再深入进行咨询时，丈夫说自己有过几次想要自杀的念头，他一直在努力克制对妻子的怒气。然而在这么长一段时间中，妻子全然没有发现丈夫的情绪问题，丈夫也没向妻子进行求助。

前面支持丈夫创业的那位妻子，对丈夫就有着一幅完善的“爱情地图”。她能清楚地说出丈夫的创业历史，清楚丈夫的梦想，也就更能容忍丈夫将很多时间花在工作上，而自己承担更多的生活责任；她了解丈夫的品性为人，就更容易在丈夫创业受挫时仍然信任他，也更容易选择不去责怪他，而是在情绪上支持他。

如果夫妻之间对彼此不够了解，生活中大的变动会导致他们的婚姻迷失方向，小小的消极事件经过积累也会让婚姻迷失方向，甚至时间的流逝都会让婚姻迷失方向。他们若不及时更新对方生活中琐碎的动态，随着时间积累，这些小小的变化也会使一个人发生很大改变。如果他们的“爱情地图”不加以更新，他们心中的伴侣还是“原来那个人”，直到他们遇到某些突发情况，才会惊觉对方“变了”。

07 像经营企业一样经营婚姻

经营一场婚姻，和经营一家企业有很多相似的地方，但是很少有人会用“经营意识”去审视自己的婚姻。

有时，若夫妻能够换一个角度思索自己的婚姻，将伴侣看成自己的“生意伙伴”，在婚姻中运用一些“商业思维”，可能就会对婚姻有不同的看法。

一家公司经营失败，往往有三个原因。第一，不适应新阶段的变化；第二，不预测未来的发展；第三，不解决反复出现的问题。这三个常常造成公司经营失败的原因，如何与婚姻对应呢？

不适应新阶段的各种变化

一家小小的创业公司，发展到中小型公司，再发展到大型公司，每一个阶段都是变化。如果一家公司要成长，就必须面对成长过程中的“变化”。婚姻与此非常类似，婚姻中的很多矛盾都是因为对“变化”适应不良导致的。

美国婚姻专家史蒂文·克雷格说：“一对能白头到老的夫妻，婚后要经历六个阶段的变化，这六个阶段变化，也是六次成长。”能够白头到老的夫妻，要在婚姻中学会“转型”。他们必须承担起每一阶段的责任，婚姻才能顺利进入下一阶段。

打个比方，孩子的出生对一个家庭来说，就是一个新阶段的开始。大概三分之二的夫妻在孩子出生后，对婚姻的满意度下降了。原因很简单，生活原本的秩序被打乱了，很多夫妻这时候不知道该怎么“合作”，之前的“合作”方式可能完全失效了。在这个变化过程中，人们会感到很大压力。一家公司在成长，业务扩展、人员增加，可经营者一直按照经营初创企业的模式去经营这家公司，那么这家公司就会命运堪忧。同样，一对夫妻结婚多年，他们在婚姻过程中增加的不仅仅是年龄，还要面对人生不同阶段的各种变化。夫妻两人必须学会适应和“转型”，才能打造持久幸福的婚姻。

不去预测未来的问题

公司领导人一定会经常考虑一个问题：我们的未来在哪里，我们的未来会怎样？不去预测未来的公司，早晚会失去前进的方向。而很多失败的婚姻，皆类似于此——只顾忙于当下，不考虑未来。

一位心理咨询师曾分享过一对夫妇的咨询案例。夫妇两人分别在两家很不错的公司做经理，平时工作很忙，压力也比较大，加班是两人的常态。有时妻子晚上11点多回家，丈夫还没下班；或者丈夫好不容易有一个周末在家，妻子却一大早就要出门赶飞机。

两个人缺乏交流，必然会导致矛盾。但他们遇到的很多问题都没有时间来好好谈一谈，甚至很多时候吵架只能吵一半，就要赶着出门工作。他们不愿离婚，可也不愿生活在一起，在见咨询师之前，他们已经分居了一段时间。咨询师问他们："如果你们一直待在现在这样的轨道，每晚精疲力竭地回到家，周末也还在工作，即便你们的婚姻继续存在，5年之后会是什么样子？"

其实，这个问题不应等到在进行婚姻咨询的时候才被问到，夫妻应该提早问自己这个问题，也应该问对方这个问题。如果你从不考虑如何与伴侣合作、不考虑公司发展、不考虑公司成员的发展，只是按照过去习惯的模式"经营"，公司终将失去发展的机会。婚姻也一样，如果一对夫妻从不考虑自己的婚姻该怎么发展下去，应该怎样迎接每一个新阶段，为经营婚姻补充必要的知识，觉察婚姻中的阻碍，那么在5年后、10年后，只可能收获一个让自己失望的婚姻。

不解决反复出现的问题

一个公司要想成长，就要不断地解决问题。每一家公司在当下都有很多问题，经营者必须解决很多矛盾。一个好的经营者也许无力解决公司的所有问题，但是他会想办法搞清楚公司的问题在哪里，然后努力寻找解决之道。这一点和婚姻也很像。好的婚姻不是一点儿问题都没有，而是夫妻间会不断努力去发现问题，并且找到两人都能接受的解决办法。

有一位婚姻咨询师通过对很多对夫妻进行长期跟踪发现，那些白头到老，并且感觉自己婚姻还不错的夫妻，他们的婚姻生活中也有很多“无解”的分歧。但他们当中的大部分人不是要求对方同意自己或者逼迫对方按照自己的意愿行事，而是找到了两人都觉得“可以接受”的办法。

我的一位老师曾经说，在她婚姻的头几年，也充满了矛盾。她性格急躁，先生慢条斯理。在她每次急得团团转的时候，先生还能不紧不慢地泡茶喝！先生的性格让她无比苦恼，她简直不知道世界上还有没有哪一件事情能够让他感到“着急”。她曾努力想要改变他，可先生也想改变她。他们的婚姻在一段时间内矛盾不断。但他们“交战”后，会各自反思。在不吵架的时候，他们还相互讨论各自性格的差异，以及差异形成的原因，他们也相互谈论发生矛盾时的感受。

她对先生说：“你知道我不喜欢别人做事慢吞吞的。你有时候就像蜗牛，不仅做事慢，而且一旦说你，你就缩进蜗牛壳里了，留我一个人在外面大吼大叫，那样我会更生气。”先生说：“你说话那么快，像放鞭炮一样，我都跟不上。而且你凶起来表情很扭曲，我不想看见，所以干脆躲起来。”他们这样的谈话进行过很多次，以至于“蜗牛”和“鞭炮”成为两人的暗示语。她说先生“蜗牛”的时候，他就知道她觉得他速度慢了，就会尽量快一些；而他说“鞭炮”的时候，她会提醒自己慢一点儿，别催他，不要让自己“表情扭曲”。

她的性格改变不了，先生的性格也改变不了。但他们在一起的时候，会想办法“接近”对方的节奏。他们的矛盾没有消失，而是他们让自己和矛盾共存了下来。

一个朋友曾在朋友圈发过这样一句话：度量一家公司进步的标准之一，不是这家公司什么问题都没有了，而是它今年不用再面对去年的老问题。这句话也适用于婚姻。婚姻一直进行下去，就会在各个阶段遇到问题，但不用在这个阶段还在解决上个阶段的问题，就是好事。

很多夫妻会在婚后停止思考两人的关系，仿佛结了婚，一切问题就解决了。其实，结婚只是开始。有时跳出婚姻本身，将它看成你和伴侣共同经营的公司，想一想你们该成为怎样的经营者？

08 利用好黄金相处期，增进夫妻亲密感

剑拔弩张的下班时间

有位妻子抱怨丈夫每天回到家第一件事就是打开电视，然后躺在沙发上看，直到妻子怒气冲冲做完晚餐，才恋恋不舍地从沙发上起身去吃饭。这样的行为让妻子愤愤不平：凭什么我在厨房忙得不可开交，他却能悠闲地看电视？

为此他们吵过不少架。为了取得一些心理平衡，每次丈夫回到家，妻子就会给他布置一些家务，比如洗菜、准备餐桌等。但是丈夫也不是每天都乖乖去做。有时工作不顺心，丈夫回到家就会一言不发地走到电视机前打开电视，对妻子的安排置若罔闻。妻子指挥不了丈夫，自然就更生气。于是两人就在对彼此愤怒、失望的情绪中度过一整晚。久而久之，在每晚见面之前，两人就已经在心里对彼此摆出了防御姿态。丈夫可能会想：她今晚又要指挥我做什么？我在外面已经被人指挥得团团转了，回家还要被人指挥！而妻子可能想：他回家什么事也不做，只会等着吃饭，根本就不

关心我累不累！两人还没见面，就已经剑拔弩张了。

适时开展一场“减压对话”

每对夫妻每天都有一段增加亲密感的黄金时间，若能好好利用，他们之间的亲密感就会增强，感情也不容易在油盐酱醋的生活中越来越淡薄。

通常，一对夫妻每天早上会相互告别，各自去到自己的工作岗位。在这一整天的时间里，他们要面对很多事件，承受各种压力，其中有些解决了，有些没有。没有解决的压力会给他们造成很多负面情绪。当他们结束一天的工作回到家时，心里仍然带有这些负面情绪，就像那位回家看电视的丈夫。此时，他们需要一个人来帮助自己厘清这些情绪，将自己的压力释放出来。其实，伴侣回家后单独相处的时候，就是他们增进亲密感的黄金时段，如果能够利用这个时段进行一场“减压对话”，他们之间的关系会更加牢固。

“减压对话”开始于询问，你可以随意地问问伴侣：“你今天过得怎么样？”或者“你今天工作怎么样？”如果发现对方情绪有些沮丧，你可以说出你的感受，比如：“我觉得你好像有点儿不高兴，发生什么事了吗？”即便这一天没有什么特别的事情发生，伴侣间也可以这样开启聊天，因为这种聊天是向对方传达一个信息——我关心你，你有什么事都可以和我说。

当伴侣愿意向彼此倾诉每天的压力时，就需要注意“减压对话”的内容了。无论伴侣表达什么样的情绪，都不要试图纠正或者消除他的这种情绪，因为任何情绪都没有对错，情绪只是一个人的感受。评论谁对谁错都是别人的事情，而你只需要让伴侣知道，你认可他的感受。

当妻子向丈夫抱怨："老板太偏心了，总是把难做的工作分给我，好做的就给别人。"一个不能与妻子共情的丈夫可能会说："你都没有亲自做，怎么知道别人的工作就比你难呢？"这样的回答给不到伴侣任何支持，反而还会让妻子更加不舒服。其实丈夫只需要认可妻子的感受就行，他可以说："你一定感到很不公平吧？如果我是你，我也会觉得生气。"

不管你心里是否真的认可伴侣的做法，也要让他感觉到，你是站在他这边的。除了认可伴侣的情绪，还需要在倾听伴侣的压力时，忍住给他建议的冲动，除非伴侣向你征求建议。每一个成年人都有自己应对问题的办法，很多时候人们只是需要找人倾诉，需要另一个人给自己情感上的支持。

譬如前面所讲那对夫妻，可以这样进行一次"减压对话"。

妻子："今天工作怎么样啊？我看你好像有点儿不高兴，怎么了？"（开始询问）

丈夫："有个同事离职了，老板把一堆烂摊子扔给了我，还催着我赶快做，我一点儿头绪都没有。"

妻子："那么多事情要做，感觉很焦虑吧。"（说出丈夫的情绪）

丈夫："是啊！那个同事也是被他逼走的，真不知道怎么那么倒霉，遇到这样的老板。"

妻子："为这种人工作真是痛苦。"（与丈夫共情）

丈夫："看来这2周是不好过了。今晚好好休息一晚！晚上我们吃什么？要帮忙吗？"（不需要妻子给建议，丈夫自己有应对办法）

进行"减压对话"的3条协议

虽然工作的压力仍没有解决，但是妻子的理解会让丈夫感觉好受很多。当一对夫妻每天都愿意与对方进行一次"减压对话"的时候，他们需要对这个时刻达成一些"协议"。

◆ 协议1：讨论什么时候开始"减压对话"比较好

有些人希望一进家门就和伴侣聊聊今天不愉快的事情，有些则喜欢把这样的对话留在餐桌上，还有一些人希望回到家先整理一下自己的情绪，之后再与伴侣倾诉。伴侣间最好能就何时开始"减压对话"设定一个时间。

◆ 协议2：全身心投入到这场对话中

有时，这场对话不能顺利进行，可能是因为某一方不能投入到这场对话中。如果一方在讲述自己的问题，而另一方却在盯着电视、看着手机，敷衍地回答，或者只想着自己的事情，表现得心不在焉，只会让谈话的一方失去继续这场谈话的兴趣。

◆ 协议 3：别在这个时候讨论你们的婚姻问题

“减压对话”的作用是让伴侣有机会讨论婚姻之外的压力事件，如果利用这个时间讨论婚姻问题，很可能会引起冲突。当然，这场对话不仅仅是“倒苦水”，你们还能在这场对话中分享喜悦的事情，比如取得的进步、别人的赞赏，甚至你今天的感悟等。

每天深入地连接一段时间，让它成为你和伴侣的习惯，婚姻的质量会在这些日常互动中得到极大提高。

09 有安全感的女人，才会撒娇

会撒娇的女人最好命

一位日本心理学大师认为，“撒娇”的本质是要求别人为自己做些什么，希望对方按自己的要求行事。但只要有一丝被抛弃的“不安全感”存在，人就不可能撒娇。所以，如果一个人想对另一个人“撒娇”，这个人首先必须在这段关系里有安全感。

说到“撒娇”，想起这样一件事情。我家楼下住了一对老夫妇，老太太是爱猫人士，我妈也是爱猫人士，她们二人常常在楼下喂流浪猫、聊天。老太太最近很心烦，因为儿子娶了一个她不喜欢的媳妇。她儿子是二婚，第一个儿媳她很喜欢。据说，第一个儿媳的母亲很早就去世了，被寄养在姑妈家。她从小就懂事、勤快，不太爱说话。老太太一直希望儿子能够找到一个会伺候他们一家人的媳妇，刚好老太太认识她姑妈，就安排两人相亲。在老太太的极力撮合下，这个女孩还真和她儿子谈上了恋爱，又在她坚持不懈的“催促”中，两人结婚了。婚后，媳妇如她所愿，勤快、懂事，还听话，当然主要是听她的话。她甚至跟别人说：“儿子都没有儿媳听话，别人家都是儿子帮着媳妇说话气死老娘，我家是儿媳帮着我教育儿子，真不知道是哪辈子修来的福气！”现实中很少见到婆婆这么满意儿媳的情况，那这对小夫妻感情应该很好吧？非也！

儿子有一天突然要离婚。儿媳半夜哭着给她打电话，说丈夫不爱她了，坚决要离婚。老太太气坏了，把儿子骂了好多天，还怀疑儿子有了外遇。她不断逼问儿子，儿子火了，说：“我是那么无耻的人吗？你要不信，就找私家侦探来调查我好了！”

儿子离婚后，搬回家和老太太以及老伴儿住了一段时间。她观察了儿子很久，发现儿子确实没有外遇，甚至可能连暧昧关系的女性都没有——每天按时上下班，周末都很少外出。

第二个儿媳是儿子离婚后三年才认识的。儿子很爱现在这个媳妇。这个媳妇说自己胃不好，不能吃生冷的东西。如果她想吃水果，儿子会用一口小锅给她煮熟，熬成汤吃。老太太都不知道儿子居然还会削水果！更让她大开眼界的是，儿子居然在学做饭。有一次，儿子在儿媳指导下炒了一道菜，儿媳直夸老公炒得好吃——儿子居然就开始学做饭了！两口子去他们家，儿子还显摆了一次。我妈听到这里问：“好吃吗？”老太太说：“好吃什么！只有他媳妇把他夸得花一样！我儿子好哄得很，越夸越做，我还看不出来她想什么吗，她就是不想做。”

老太太曾问过儿子为什么上个媳妇那么好，他却不喜欢。儿子说：“和上个媳妇在一起，我都不想说话，和她越过越没滋味儿。”他还是喜欢那种小鸟依人的女人，耍耍脾气也没什么不好，哄回来就好了。老太太叹口气说：“这个儿媳可会讲话了，又会撒娇，哄得我儿子团团转。我上一个儿媳是个老实人，嘴笨，又不懂怎么哄男人开心，所以吃亏。”

有安全感的人才会撒娇

有人说，会撒娇的女人最好命。我一直不太赞同这句话，因为一个人并不是想撒娇就能撒娇。首先，她必须要对这段关系很有安全感，她知道自己可以向这个人提出要求，而不必担心被这个人讨厌、抛弃。其次，她还要有敢于提要求的勇气。

当老太太对第二个儿媳“不爽”的时候，她应该没想到，儿子、儿媳的关系是真的很好，儿媳才可以放心向儿子撒娇。第一个儿媳也许本来就和丈夫的关系缺少安全感，她不敢要求丈夫满足自己的要求，所以她才不会撒娇。

安全感是相互的，当妻子敢于要求丈夫为自己做什么、敢于对丈夫撒娇时，丈夫同样敢于向妻子撒娇。这样可以放心要求对方为自己做什么的关系，相处起来二人才会舒服。撒娇是一个人天生就有的能力，每个人在小时候都是撒娇高手。如果一个小孩擅长向父母撒娇，说明亲子关系能给到孩子安全感，他们知道自己可以要求父母为自己做些事情；即便被父母拒绝，他们也不担心父母会因此“不爱”自己。但是有很多因素会让孩子在成长过程中变得不会撒娇了。如果孩子感觉到父母对自己的爱不再那么可靠，他们便渐渐不敢再“要求”父母为自己做什么了。

有些夫妻的婚姻一直处于危机中，这种家庭中的孩子不仅不会对父母撒娇，还会为了“保住”家庭做出努力，讨好父母，做一些自己认为会让父母开心的事情。也有一些父母，他们可能难以容忍孩子的撒娇行为，只会要求孩子完全服从……所以在一个人的成长过程中，很多因素都会让他压抑自己撒娇的欲望。

压抑撒娇欲望的人，很难建立长久的亲密关系

如果一个人一直没办法对别人撒娇，他会渐渐成长为一个过分认真的成年人。这样的成年人遵守规矩，但无趣，甚至有点儿迂腐。他们对外人可能总是客客气气的，不敢承认自己内心真实的想法。在肤浅的关系中，这样的表现也许还能赢得别人的好感。但是一个没办法表现真实自己的人，很难与他人建立一段深刻的亲密关系。即便建立了，也很容易失去。没办法相互撒娇的恋人，他们的关系会变得缺乏韧性，最明显的表现就是，这段关系中“讲理”的行为很多，“谈情”的行为很少。

料想老太太的第一个儿媳可能就是这样的人。她一直被寄养在姑妈家，必须要懂事、勤快，不敢要求什么，长大后自然就成了一个压抑自己撒娇欲望的女性。丈夫和她相处，应该会觉得这个人无聊。与其说“撒娇的女人更好命”，不如说拥有安全感的女人才能撒娇。拥有安全感的女人，在亲密关系中行为、表现会更自然，情绪更稳定，更敢于向对方表达自己的要求。这样的关系也会让双方都舒服。

那些压抑了自己撒娇欲望的人，他们的欲望并没消失，而是通过别的

方式表达，比如不停地抱怨、对别人充满敌意等。问问你自己：我会撒娇吗？我的生命中，有几段关系可以让我撒娇？这几段关系里的人也能向我撒娇吗？如果你对谁都没办法撒娇，就需要反思一下，是没有让自己有足够安全感的关系，还是你一直在压抑自己撒娇的欲望？

CHAPTER

4

伴侣之间如何实现有效沟通

有心理学家调查过家庭内的冲突原因，发现家人对彼此的需要就两句话：“我希望你向我说一声‘谢谢’”和“我希望你向我说一声‘对不起’”。

01 懂得抽离，夫妻关系越吵越好

吵架吵出夫妻情深

不知道你身边有没有这样的夫妻：他们常吵架，但吵架似乎影响不了他们的感情。我就认识一对这样的夫妻。

王先生和太太都是急性子，冲突比较多。刚结婚的时候，这对夫妻和王先生父母住在一起。婆媳朝夕相处，矛盾就比较多，王太太一直想买房子搬出去住。但就在选房地址上，王先生夫妻又有了分歧。王太太坚决要买一个离公婆家特别远的地方。但王先生不同意，说自己早就看好了一个新楼盘，性价比高。就在两人为这件事情争执不下的时候，王先生居然偷偷付了订金。这件事情当然是瞒不住的，王太太很快就知道了，免不了又是一场大吵。

就在王太太气呼呼指责丈夫的时候，王先生突然不回嘴了。他饶有兴趣地盯着自己太太，脸上还出现了傻乎乎的笑容。王太太又冲着王先生吼了几句，但王先生的表情在她心中起到了一种奇妙的"化学作用"。她吼完最后一句，居然笑场了。这一笑怒气就消了一大半，但是王太太还要假装生气，于是转身走进了卧室。王先生也随后走了进来，还是傻乎乎地看着她笑。王太太还想生气，但王先生的语气已经软了下来，说："好啦，不生气啦！我没征求你的意见是我不对。你想听听我是怎么想的吗？"

王先生这种"傻笑法"几乎在每次吵架时都屡试不爽。我问王先生："你为什么懂得用这种方法啊？"王先生说："我曾经看见她和别人吵架，她吵架的样子太好笑了，很蛮横但也挺可爱。不知道为什么，那次她和我吵，我脑子里突然出现那个画面。她嘴里说什么我早就没听了，但想着那个画面就忍不住笑出来了。"

王先生自己肯定不知道，他的这种做法在心理学中叫作"抽离"。"抽离"可以让一个人用第三人的视角去看待当下的情况，得以从自己本来的情绪中跳出来。王先生的"抽离"使他变成了两人吵架时的"旁观者"，激动的情绪就迅速平复了下来。而他的"笑容"又影响到了太太，使太太也不用一直停留在高度紧张、愤怒的状态。

吵架对夫妻关系的影响

一对夫妻在剧烈争吵的时候，他们并不知道自己身体内部发生了什么样的变化。他们会心跳加快、血压升高、瞳孔放大、身体进入应激状态——这种状态类似人类在面对巨大威胁时的状态。而这种应激状态，对男性的影响比对女性要大。

有研究发现，男性的心血管系统更容易被激活，他们在遭受压力之后需要更长时间才能放松下来。所以在争吵中，男性比女性更容易进入一种“暴怒”的状态。并不是说女性就不会进入这种状态，而是因为生理上的差异，女性进入这种状态的数量会比男性少。

在这种状态下，人们会采用两种行动——攻击或者逃跑。“攻击”会从言语攻击变成肢体暴力。如果男性并不存在对妻子施暴的习惯和信念，他们就会比较容易进入“逃跑”模式，这时“冷战”就开始了。在这种状态下，一个人在生理上已经达到了最愤怒的状态，听不进对方说的任何一句话。即便此时对方停止争吵、尝试修复关系，也很可能失败。想想孩子的表现就容易明白了。当孩子处于崩溃状态的时候，如果父母要安慰他、拥抱他，他会推开、挣脱父母，不许别人触碰他的身体。暴怒的成年人，会退化到孩童的状态。只不过是更“伶牙俐齿”的孩童，或者更擅长“拒绝交流”的孩童。正因为如此，男性更容易在争吵的时候变成“冷战分子”。一项调查显示，有85%的美国男性在和伴侣争吵时会使用“冷战”的方式。

这样的情况重复发生以后会怎么样？夫妻双方会形成“吵架—冷战”这一固定的互动模式。当一个人吵得更厉害的时候，另一个人会躲得更远。夫妻之间根本没可能找到解决冲突的办法，只能对彼此充满抱怨和愤怒。

心理学上还有一个心理效应也会在这个时候发挥作用，叫作“蔡格尼克记忆效应”。这个效应是说，人们对那些没有完成的事情记得更加清楚。如果夫妻争吵，没有以理解、折中、达成一致意见告终，而是以“冷战”结束，那么这次争吵就没有真正完结。没有完结的“争吵”会让人们记得更清楚。有人常说：“过去的事就算了吧。”但是没有完结的“争吵”，就像没有愈合的伤口，很容易被翻出来反复查看。这次争吵的破坏效应会在生活中反复出现，甚至在下一次争吵时，人们又会想起这次争吵，不断地翻旧账，导致争吵变本加厉。这会使夫妻间的隔阂越来越深，一个问题没解决，又出现新问题。

懂得抽离，夫妻关系越吵越好

夫妻相处，完全不吵架的情况非常罕见。但是争吵不一定会让婚姻变坏。那些越吵越好的夫妻，会有属于自己的一套解决办法——在被争吵产生的负面情绪淹没之前，让争吵缓和下来。

我还听说过一对夫妻这样应对吵架。每次当两人吵到激烈的时候，丈夫就会说："好了，不吵了！等我抽完烟回来再接着吵！"妻子明白这是丈夫发出的"喊停"的信号，大部分时间不会揪着丈夫不放。然后丈夫就会出门转两圈。冷静下来之后，他会跑到附近商场给妻子买些小东西，吃的、喝的、洗发水、沐浴露……把这些东西放下后，丈夫会用调侃的口吻说："我们刚才吵到哪里了？"短暂的冷静也让妻子理性了很多，她知道这是丈夫发出的"和好"的信号。

每一对夫妻都需要去寻找属于自己的"缓和方式"，有的人是大声喊停，冷静一下；有的人是"傻笑"；有的人是妥协；有的人是道歉；有的人想办法把对方逗笑。

男性更容易在争吵中变得暴怒，所以男性更需要学习如何从争吵中"抽离"出来，如何"喊停"。而女性天性敏感，对情绪的把控高于男性，所以更容易注意到对方的情绪，适时停止。

02 吵架不可怕，不懂得“吵后修复”才可怕

正是日积月累的小矛盾蚕食了你的婚姻

在一次两性关系课上，我结识了一对小夫妻，妻子叫小陶，丈夫叫小松。他们刚结婚3年。两人父母最近都在催他们要个小孩，可妻子小陶却很犹豫，因为她感觉两人的感情似乎越来越不稳定了。近一段时间两人总是吵架，而且总能把一件小事吵成大事。听朋友说起这个课程，小陶就拉着丈夫一起参加，她想先巩固两人的感情，再考虑要不要孩子。结果就在课程第二天，这两人就因为一件小事冷战，互不理睬。

原来，头一天课程结束后，小陶去超市买了很多东西。回到家里，小陶忙着将买的东西一件件放好，小松则躺进沙发里玩儿手机去了。小陶本以为丈夫会帮着自己一起收拾，但他连一点儿要帮忙的意思都没有。小陶越收拾越生气，最后将东西放得乒乓作响，小松也像没听见一样。更可气的是，小陶终于休息下来看手机，却发现小松在自己忙碌收拾的时候发了个朋友圈，甚至还一一回复了朋友们的留言。小陶气坏了，开始责备小

松。小松也不甘示弱，回击了几句。两人越吵越厉害，甚至将陈年恩怨也翻出来吵。吵到最后，丈夫小松不再说话，只抱着手机看，不理会妻子。

不能以伤害感情、争输赢的方式争吵

这对小两口儿的吵架原因，是不是和千千万万夫妻吵架的原因差不多呢？从小事开始，然后不知道怎么回事，就走进了难以收场的“冷战”状态。

很多婚姻咨询师都有一个共识——年复一年累积的小矛盾、小伤害，对婚姻造成的威胁最大。因为它们用一种不易被察觉的状态啃噬着两人的感情，等两人感觉到婚姻的危机时，已经对彼此失望透顶了。其实婚姻幸福的夫妻，平时也会有很多小矛盾，甚至也会相互伤害，但他们大多会在伤害以后，想办法“修复”感情。

在课上做练习环节，老师让小陶和小松夫妇进行了一次对话。小松抱怨妻子几乎从来不会主动要求他帮忙，他很多时候并不知道她想要自己做什么。小陶说：“这些事情还用我开口吗？一个男人看到老婆忙成那样，不应该主动分担吗？”如果没人帮忙，这两人的谈话就此进入僵局。

很多夫妻在争吵的时候都没意识到一个问题：无论谁“吵赢了”，他们都会输掉关系。有些争吵是以伤害感情为代价去争输赢。

用情感修复情感

老师指出这个问题之后，对小陶说：“现在，请你面向你的丈夫小松，把你当时心里的感受告诉他，不要有任何指责。告诉他，你希望他做什么。”小陶转过身面对小松说：“我在收拾的时候，你却躺在沙发上发朋友圈，我觉得很失望。我感觉自己对你来说一点儿都不重要，我希望被你关注到。”小陶其实是在用愤怒表达她的失落与不安，但丈夫完全没意识到，只看到她在生气。小松解释道：“我不知道你需要帮忙，我当时就想看看朋友圈放松一下。”

老师摆摆手制止小松说下去，并且对他说：“你移动一下你的座位，靠近妻子，握住她的手，看着她的眼睛。”小松有点儿僵硬地做了这个动作。老师又鼓励他：“再靠近一点儿，再握紧一点儿。对，看着她的眼睛，对她说：‘你对我来说比什么都重要。’”小松很小声地说了一句：“你对我来说比什么都重要。”小陶转过脸对老师说：“你让他这么说，他才会说。”老师说：“是的，那你再让他重复一次，看他愿不愿意。仔细看着他的脸、他的表情，听他的声音，感觉他的手，然后去评估他是否真诚。”小陶让小松再说一次，小松又说了一次。这次语速比上次慢，但更真诚，每一个字都更清晰。听见丈夫又说了一遍这句话之后，小陶脸上的神情放松了，甚至眼眶都湿润了。她主动拥抱了面前的小松。这个过程就是修复。

情感伤害不能用“讲道理”去修复，只能用情感去修复。当伴侣的感情受到伤害，再多的借口或者解释，都只会让两人感觉对方更不可理喻。其实最简单的修复办法就是身体上的接触，靠近、握手、抚摸，然后说一句安抚的话，比如“你是我最重要的人”。

小陶说完自己的感受，小松安抚了她，但情感修复应该是双向的，所以接下来是小松说自己的感受。小松说：“听你说我不帮忙的时候，我其实是不知所措的。你发脾气的时候，我有点儿害怕，感觉就像小时候我妈说我懒，我很担心你和我在一起时不开心。”

小陶表示，她第一次知道原来小松害怕她发脾气，她一直以为对方毫不在意自己是否生气。她也重复了小松当时对她的行为，握住他的手，看着他的眼睛说：“其实你很好，我和你在一起很开心。”

千万不要赢了吵架，却输了感情

这些动作和这几句话很难做到吗？对，很难！因为很多时候，如果没有咨询师的引导和控场，夫妻二人很容易回到自己的主观感受上，然后开始指责对方，导致修复无法进行。甚至有的人明知自己伤害了伴侣，还会辩解：“我又不是故意的。”所以即便咨询师教会了夫妻使用这种修复法，也需要他们自己去练习多次，加以熟悉。

如果在婚姻中，常因为小事而伤害彼此感情，夫妻一定要警惕这种行为。这些不起眼的伤害，日积月累就会对婚姻造成大麻烦，所以“修复”最好能够成为争吵后的必要步骤。有些伴侣会发现这个过程特别尴尬，尤其是夫妻之间隔阂比较深的状况，二人之间温柔的表达已经太少，因而向对方揭开自己的内心是个艰难的过程。

如果一段婚姻中夫妻常常争吵、冷战，而又无法修复感情，或许他们就应该认真考虑请一位专业咨询师来引导，重新建立沟通模式。至少也要记住，夫妻争吵，吵架赢了的那个人也输掉了对方的感情。

03 不能改变伴侣，却可以改变你们的互动模式

无法改变老公，也没有勇气离婚

朋友的老公有两个缺点，一个是爱玩儿，一个是撒谎。搁谁身上，这都是两个非常恶劣的缺点。朋友老公常常为了出去玩儿，编造各种谎言。朋友见招拆招，相处久了，她能立即识破老公的谎言。编造谎言和识破谎言，成了他们之间最常玩儿的“游戏”。几年下来，两人技术都见长。朋友老公越来越会撒谎，她也有越来越多的办法识破他的谎言。

结婚前，朋友知道老公交友广、爱社交，性格耿直。因为她自己内向，她本来是喜欢他这个特点的。别人告诉她，男人结婚前爱玩儿很正常，结了婚之后就会开始顾家。可是结婚之后，她老公还是像婚前一样贪玩儿。晚上、周末、节假日，只要有朋友相约，他必然应允。她软硬兼施，但老公始终不肯放弃自己的社交生活，两人越吵越多。老公还会撒谎，说谎的时候面不红、心不跳，像真有那么回事儿一样。他说去加班，她偷偷跟着他，发现他跑到朋友家打麻将；他说朋友出了急事，她等他走

后给这个朋友打电话，朋友说："今晚约了看球，他没告诉你？"她一件件事拆穿他的时候，自己的心也凉了。

这个朋友是我在上一次两性关系课上认识的同学，故事也是她在班上讲给大家听的。她说："那时，我和老公几乎天天吵架，我很希望他能改变。"但是一个人如果自己不愿意改变，别人根本不可能改变他。在很绝望的时候，她想过离婚。但从"想离婚"到"下定决心离婚"还需要花费很大勇气，她没勇气走出这一步。

改变了互动模式，也改善了婚姻关系

有一次，朋友参加一个公益两性关系课，课上老师的一句话触动了她。老师说："如果某个方法你对一个人用了100次都没有效果，为什么还要用第101次？能不能在第101次的时候换一个让他出其不意的方式？看看你的感觉会不会有所不同，看看他会不会用不同的方式来回应。"她想："对哦，为什么不试试新的办法。"

一个周末，她又听见老公偷偷打电话，好像是约了人打麻将。老公临走前装作公司有急事的样子。她知道他在撒谎，但这次她不打算揭穿他。她强压住愤怒，尽量让自己心平气和地说出了一句完全不同的话。她说："要下雨了，带把伞吧。"她看老公一脸惊讶，张了张嘴想说什么，但还是没有说出来，只含糊答应了一声"哦"，然后出门了。很长一段时间以来，她第一次没有因为老公周末出门和他争吵；她也第一次感受到，原来他撒谎去玩儿，自己不揭穿他，也没有那么愤怒。那天她看了场电影，逛街买了一双一直都舍不得买的鞋。

她一天都没给老公打一个电话。和那些她天天打电话问他在哪里的日子相比，她也生气，但没有更生气。她想："反正我们的婚姻已经这么糟糕了，再坏就是离婚了吧。但似乎我不去管他，我的心情会好很多。"她觉得这个办法还不错，至少是为了自己心情好一点儿，架少吵一点儿。

一段时间后，她发现和老公的关系竟然"奇迹般"地在好转，他们之间吵架、赌气的时候明显少了。更重要的是，她老公"撒谎"的频率越来越低。他约了朋友要出去玩儿，渐渐都会如实告诉她。她发现，相比于爱玩儿，老公撒谎才会让她暴怒。因为这种行为让她没有安全感——谁敢和一个习惯于撒谎的人共度一生？

直到现在，她仍然觉得老公是一个热衷社交的人。她承认自己改变不了这一点。但她老公有所改变，那就是越来越愿意和她分享自己朋友的事情。而且这几年，老公社交的频率在下降。她有时甚至会问他："你周末不约朋友玩儿吗？"老公说："大家都很忙，哪有那么多时间玩儿。原来周末不想待在家，是因为你总和我吵架。"

她想想觉得好奇怪，明明是因为老公不愿意待在家里，她才和他吵，但是在老公看来，却是因为她要吵架所以才不待在家。什么是因，什么是果，她也有点儿糊涂了。她没有改变老公，但是他们的婚姻关系却改变了。为什么？因为她改变了自己和老公互动的方式。

改变不了对方的性格，但可以改变你们的互动模式

夫妻关系就像一个联动的轴。夫妻之间彼此影响，一个人的反应会造成另一个人的反应。英国伴侣治疗师玛丽·摩根将其称为“伴侣心态”。有婚姻咨询师说过，婚姻中大概有70%的问题属于永久性问题。如果你们结婚头4个月在某个地方存在分歧，婚后4年可能还是卡在那里，这个分歧甚至可能持续在整段婚姻中。

如果夫妻双方都认为，我只要能够改变对方，我们的婚姻就不会存在问题了，但他们很可能在付出很多努力、受到很多伤害后，仍然看不到任何效果。如果一方根本不想改变，另一方却一直要求他改变，他们之间的关系就会分裂。他们会永远在这个问题上不断冲突，却什么也解决不了。就像这个朋友描述的问题，丈夫喜欢社交，而她是内向的人，这是两人性格上的分歧。她想在婚后改变丈夫是非常困难的。丈夫想要和朋友玩儿，她对此很生气；但丈夫是为了减少冲突想出去玩儿，才开始撒谎的。丈夫撒谎的行为让两人吵得更厉害，而争吵使得丈夫不愿待在家，更频繁地找朋友玩儿。久而久之，这变成了他们的相处模式，两个人的互动形成了恶性循环。

婚姻让两个不同的人走到了一起，共同生活。每个人的性格中都会有对方不满意的部分，与其去改变对方令你不满的特点，不如尽量避免这个特点对你们的影响。如果确实不能接受对方的某种缺点，或许从一开始就不应该结婚。如果婚后发现对方的缺点给你造成了很大伤害，根本不可能弥补，比如总是出轨、赌博或者家暴，这样的婚姻就应该考虑是否要结束。

如果你觉得和伴侣总在某一点上存在冲突和分歧，你要记住，你们之间的影响是“联动”的。想要改变彼此的关系，不应该在两人性格上寻找转机，而应该在两人的互动模式中寻找关系的转机。

想一想，你能不能用“伴侣心态”去看待这些问题？是伴侣的性格让你讨厌，还是他对你的方式让你讨厌？你能做点什么，改变他对你的方式？你是否可以改变自己对伴侣的某种方式，看看他的反应是否与之前有所不同？

04 10个简单问题，更好地了解另一半

夫妻谈话缺少感性，是感情变淡的表现

春节的时候，我约了几个朋友聚会。聊到婚姻，其中一个朋友“悲惨”地总结道：“结婚七八年，孩子四五岁，和老公感情越来越淡。每天除了柴米油盐和娃的教育会聊聊天，其余时间就是两人背对背玩儿手机……”她说完，两三个朋友表示认可。大家一致让我介绍婚姻咨询师。在建议大家进行婚姻咨询之前，我先给她们介绍了一个小问答列表，帮助她们拉近与伴侣的心灵距离。

很多夫妻在结婚后都会遇到这样一个问题：谈话内容从婚前的浪漫、感性，变得越来越理性，浪漫越来越少。说的内容不是洗衣服、搞卫生这些家务，就是今晚吃什么，或者是孩子的事。理性谈话当然是生活必需。但如果一对夫妻谈话内容理性部分越来越多，情感连接就会越来越少。很多人根本意识不到自己和对方谈话内容的变化。如果你发现和伴侣的对话越来越有逻辑，缺少了感性，也感觉你们内心的距离正在变远，不妨用这

10个问题与对方开启一次对话，让你们再次接近彼此。

开始问对方问题之前，需要先做到两点。第一，专门为这次对话留出大概20分钟时间，关上电视，把手机放一边，选择一个安静不被打扰的空间。第二，尽量敞开自己的情绪，无论对方回答什么，都保持倾听状态，不要做出任何评判，更不要指责、嘲讽，要像咨询师那样，全然接纳对方。

你们还可能遇到一个小意外：这10个问题只需要20分钟就能问完、回答完，但它们各自会引导你们进入更深入的谈话。你们的对话最后可能超过1个小时，甚至更长时间。

10 个简单问题，拉近夫妻距离

◆ 问题 1：你童年中最好和最糟的记忆是什么？

通过谈论各自童年中的正面经历和负面的、伤害的经历，你们能够更了解童年经历对对方有什么影响，为何对方会成为现在这样的人。当你们了解过去对对方影响最大的事件，你们也就能够更清晰了解对方的“三观”，以及你们之间有什么不同。

◆ 问题 2：你最希望我做的 3 件事是什么？你希望我怎样去满足你？

让伴侣最满意你或者最愿意和你接近的方式，就是你能满足对方的需要。当你被问及这个问题的时候，你需要认真思考，在你们这段关系中，最让你开心的是哪些事情，你希望伴侣做些什么去满足你的需要。比如，你希望有人记得你的生日，尤其是你的伴侣记得。你希望他在生日这天为你做些什么呢？订一束花、送一份礼物、承担一整天的家务，还是和你去一家你一直想去的餐厅？

这个问题的目的并不是让你们随时随地去满足对方的期待，但会让你们彼此清楚对方希望你做什么以及怎么做。不要以为你真的知道该为对方做什么，每个人的需求会随着时间而变化。

◆ 问题 3：在你的朋友和家人中间，你认为哪对夫妻关系最好，为什么？

有些人并不清楚自己心目中最理想的夫妻关系是什么样，但有了参考体系，他们就会清晰很多。有了好的榜样，他们就知道该怎么调整自己的婚姻状态。管理学上将这种方法称为“标杆管理”。

◆ 问题 4：你觉得和我在一起，最大的好处是什么？

这是一个会随着时间变化的问题。没有哪两个人天生适合做夫妻，夫妻都是在婚后“成长”起来的。你们一起经历作为“夫妻”的挑战和快乐，会对彼此有新的认识。但很多人会把焦点放在婚姻中“不好的”那一面，而这个问题会让你们把焦点放在好的方面。

◆ 问题 5：我有哪些行为让你很“不爽”？你最希望我停止哪些行为，或者希望我改善哪些行为？

先将焦点放在婚姻积极的一面，再去看待其中存在的问题，这是咨询过程中的一个技巧。夫妻需要对彼此不满意的行为开诚布公。若不坦诚面对，两人很可能会因为这些行为而消极对抗多年，小问题变成大问题，最后会忽略到底对方做了什么让自己“不爽”，只会非常清晰地记得“不爽”的感觉，“不爽”积累多了就会变成怨恨。

有些行为很可能只需要说出来，对方就能注意到，甚至改变；有些行为可能需要特别注意才能改变。但如果根本不知道，就没有改变的可能。

◆ 问题6：有没有什么事情让你担忧、焦虑，甚至到了失眠的程度，但你却没告诉过我？

伴侣相互隐瞒自己的焦虑是常有的事，目的只是不想让对方担心或者不想增加对方的负担。如果夫妻都不知道对方正面对着哪些压力，他们会失去支持对方的机会，甚至产生误会。人的情感会在彼此了解和支持中得到成长。定期和伴侣聊聊当下的压力，是了解彼此的好机会。

◆ 问题7：有什么事是你一直想做，但一直没做成？是什么阻止了你去做这些事情？

通过这个问题可以去了解彼此的梦想，也许你能给他实现梦想的勇气。更重要的是，可以了解是什么阻止了他实现这些梦想，为何他一直没有尝试？当你知道了他的梦想以及他实现梦想的阻碍，你就可能成为他最大的支持者。

◆ 问题8：你爱我什么呢？什么时候让你觉得自己最爱我？

说出“我爱你”3个字很容易，但记住自己是被对方什么特质吸引，才是加固一段感情的真正技巧。在人生的不同阶段，一个人会被伴侣的不同特质所吸引，他们相爱的方式也会随之变化。这个问题不仅会让彼此清楚自己什么地方被对方欣赏，还会感觉到被对方深爱着。也许伴侣说出来的话，会震动你的内心深处，或许你连想都没想到，自己的这个特点会深深吸引着对方。

◆ 问题 9：你认为我做什么事情会让你无法原谅，为什么？

也许生活中你们会听到对方说出这样的话："如果你出轨，我绝对不会原谅你，"或者"如果敢动我们的存款，我一定会和你离婚。"虽然夫妻之间会亮明自己的底线，但深入谈论为何这些事情让自己感到痛苦的人却不多。知道那些最伤害彼此的行为，你们才能够更好地保护这段关系不受伤害。

◆ 问题 10：你觉得我们的性生活还能变得更好吗？你想我们在哪些地方加以改善呢？

有研究发现，性生活是亲密关系中最脆弱、最容易受到伤害的领域之一。当夫妻一方的性需求被拒绝时，他会感到一定程度的伤害。如果总是被拒绝，情感就会出现问题。想要性生活得到改善，最重要的方法之一就是和伴侣谈论它，将焦点集中在各自的需要和渴望上，不要去责怪对方做错了什么。

亲密关系在什么情况下最容易受损？就在两人都只关注那些不好的地方，却又理所当然地以为对方应该知道的时候。所以，时不时和对方进行深入讨论，你们的关系才能越来越好。

05 看清夫妻吵架背后的心理，婚姻才会变好

了解吵架背后的心理

几乎没有夫妻不会吵架，但是吵架并不一定都会带来消极的后果。有些夫妻能够在吵架后变得更加理解对方的心意，但有些夫妻很害怕发生冲突，为了避免吵架，干脆选择不沟通。

害怕发生冲突与一个人的性格有关系。总的来说，男性更不善于处理负面情绪，所以在冲突中，男性更容易成为“沉默者”。沉默会让得不到回应的一方更加愤怒，消极情绪的升级又会使得“沉默者”更加回避。这种“越逃越追、越追越逃”的模式会让一段亲密关系越来越糟糕。要想打破这种恶性循环，最好的办法就是夫妻间能够了解对方和自己吵架背后的真实心理。

第一种：我想从你那里得到一件东西，得不到我才吵

这种“东西”可能并不指具体的物品，也可能是某种“需要”。想要东西的人觉得对方应该给自己，或者可以给自己，但是对方不给。

比如，妻子这一天过得不太顺利，积累了一些负面情绪，回到家后想和丈夫聊聊天，寻求一些情绪安慰。这个安慰可能并不难，就是想听丈夫说几句暖心的话，陪自己好好地聊聊天，这样妻子就能感觉在这个世界上有人关心自己，鼓励自己。

可是丈夫未必清楚妻子这个“需要”。他工作了一整天回到家，很想放松一下，想到自己还有一部电影没看完，于是回到家就打开电脑，立即“沉醉”其中。妻子看见丈夫这样，就会很受挫，对丈夫说话的语气也会变得充满指责，她可能会说：“你怎么一回来就看电脑？”也可能，她先耐着性子等丈夫和她沟通，但丈夫却没有。她忍耐了很久，最后终于忍受不了，愤怒地指责丈夫，说：“你到底要看到什么时候？”

每个人都会反感约束自己的人，丈夫如果觉察不到妻子真实的需要是和自己聊天，就会反感妻子的行为，甚至觉得妻子是找碴儿。他要么对妻子说的话不理不睬，要么和妻子争吵：“我看电脑关你什么事？”想向丈夫“要东西”的妻子不仅什么都得不到，还会更加生气。吵架就会随之爆发。如果吵到最后双方都不能明白对方的心意，他们之间的误会就会加深。妻子会觉得，丈夫一点儿都不关心自己的心情；丈夫会觉得，妻子怎么总想控制自己，连看电影都要管。

所以当你想向对方要一件东西时，一定要做到两点：第一，清楚说出

自己的需要；第二，如果对方满足了，要感谢对方，至少要有感激之意。妻子希望丈夫能够陪自己聊天，她可以说："我今天过得不太顺利，很希望你能够陪我聊聊天，安慰我一会儿，可以陪我吗？"这样说，丈夫至少会知道妻子的需求，不会觉得妻子是在无缘无故地找碴儿。

第二种：你总是向我要某件东西，我给不了，只能和你吵

我有一个男性朋友前几年离婚了，他说前妻爱无理取闹，两人没有共同语言。这个朋友的父母也是很早就离婚了，他父亲是个缺少责任感的男人，离婚后父亲几乎没有管过他，连抚养费都没给过。他小时候吃了很多苦，特别怕穷。在他看来，男人就是要多挣钱，能给妻儿提供物质保障的男人就是好男人，那些风花雪月都不能当饭吃，挣钱最重要。但前妻似乎特别没有安全感，总是要求他陪伴她。他工作加班，她就一直不停地打电话，有时还阻挠他出差。前妻常常指责他"不爱她"，他觉得很委屈——我把挣的钱都给你了，还不能证明什么吗？渐渐地，他的事业越来越忙，前妻对他的阻挠也越来越多。两人的矛盾愈发不可调和，最后只能离婚。

对于这种争吵，其实他可以想想：为什么对方总是向我要这件东西？是不是因为我一直没有给到她，所以她总是处于"不被满足"的状态？是不是我以为我给到她了，但其实那是她不想要的？那我能给到她想要的东西吗？如果给不到，可以诚恳地告诉对方："我知道这件事对你很重要，但是我暂时做不到，因为……"这样至少让对方知道，你已经了解她的需

求了，并不是无视她，而是你做不到，让她也能体谅你。然后商量可否有替代方案，给她别的东西。

第三种：两人都想向对方要东西，通过争吵看谁能赢

这种吵架常常出现在夫妻应该共同负责的事务上，比如做家务，你应该体谅我的不容易，多做一点儿；比如孩子教育的问题，谁应该陪孩子去兴趣班，谁应该去开家长会，我没有那么多时间，你要承担；再比如家庭财务，这笔钱对我更重要，你要先让我用……

当两人都想让对方“给”自己某件东西或满足自己某种需求时，必须好好谈一次。因为这件事情是双方的责任或者权益，两人必须协商分配。其实两人都要分摊，最终谁多一点儿、少一点儿都不是关键，关键是为什么“我”或者“对方”不愿意这样分？如果双方能够坦诚自己的恐惧、委屈和担心，也看到对方的恐惧、委屈和担心，就更容易体谅对方，而不是相互怨恨。体谅是达成意见一致的关键。也许一方最终在这件事情中“承担”了更多的责任，但是另一方能够体会到他的不易；另一方也需要在内心对他抱有感激，心里想着“我欠你一次”，然后适时地给予别的“补偿”。

当然，夫妻吵架时也可能会有别的心理，但这三种心理很常见，也很容易给双方造成误解、增加怨恨。其实吵架并不可怕，可怕的是“吵都懒得吵”，根本就不愿沟通。如果夫妻能够通过吵架看到对方想要什么，或者自己不想给予什么，能够体会到双方真实的心意，这场争吵就有了意义。

06 少对伴侣说“应该”

老公宁肯加班，也不愿面对妻子

朋友小雯讲述，大概是在孩子3岁的时候，她开始发现老公不爱回家。老公的工作小雯基本了解，强度不大，可能偶尔需要加加班，应酬也不是特别多。但老公似乎越来越多的时间待在公司里。在小雯感觉到老公不爱回家的时候，她也疑心过，他是不是有外遇了，但她很快就打消了这个疑心。

小雯对老公的性格很了解，也相信他的人品。当然这些都不是关键，在看过那么多人各种“花式”出轨的方式后，小雯并不完全信赖人性——人人心里都有魔鬼。小雯的自信，来自她的“线人们”。小雯曾经和老公在同一家公司工作，所以老公现在的同事里还有和小雯关系不错的人。

老公部门里就有一个同事与小雯关系很要好。小雯一开始发现老公不爱回家的时候还担心过他有外遇，便让这个同事帮自己“看着”老公。老公说加班的时候，同事帮忙确认了他是真的在加班。大家都发现小雯老公最近工作特别积极，甚至主动揽下一些属于别人的活儿，也没人发现他和哪个女同事走得近。小雯也一直默默暗中观察老公，没发现他和过去有什么不同。除了越来越热爱工作以外，那些书里讲的“出轨迹象”她老公一个都没有。小雯甚至偷偷看过老公手机，也没什么发现。

小雯想和老公谈谈，但老公似乎对她态度越来越冷漠，常常用“我累了”“不想说话”之类的话打发她，甚至任小雯一味说，他始终一言不发。

小雯老公到底发生了什么事？这个“谜”在小雯想要离婚前的一次婚姻咨询中才得以揭晓。

小雯老公说：“我也不知道是从什么时候开始觉得很讨厌回家，很讨厌见到她。可能我心理有问题吧。别人都觉得她是完美太太，她也确实挺完美的。孩子出生以后，我管得不太多，基本上都是她在安排。她说我不管孩子，可是我管孩子的时候，她又说我‘不应该这样，不应该那样’。她总觉得我工作不忙，其实这2年工作已经没有之前那么轻松了。我同她说过，可她不愿听。回到家里我想放松一下，看看手机、电影什么的，她就会很不高兴。说回到家里大家应该多交流，尤其是孩子一天没看到我，应该多和孩子说说话。

我的假期她也要安排，几乎每一个假期，她都要规划一个活动。有些建议是挺好的，但是我也有一些自己的想法。如果我反对她，她就会想方设法说服我，说为了孩子发展，就要多陪他去参加活动；或者多出去看看，一家人就应该一起行动，父母就应该多陪孩子，不然孩子安全感发展不好之类的。孩子有点儿问题就责怪我，因为她做得很完美了，肯定是我拖后腿，不好的影响就是我造成的。

“之前我买过一些股票，她当时确实建议过看看房子，可那时候股票行情好，我就没听她的，后来亏了一些。结果她就一直说我当初应该听她的。每次我们要是对哪件事意见不同，她就会翻出这件往事，说我不听她的就是这个后果。我不知道她是不是打算说一辈子。”

都是“应该”惹的祸

在小雯老公的表述中，出现频率最高的那个词是“应该”。

每个家庭都有各自的健康家庭规则，小雯告诉丈夫“应该”做的事，一件都没错。但如果每个人都生活在一个又一个“应该”中，自我的存在感就会消失在原则之下。每个人在想到“家”这个字的时候，脑海中一定是有一些画面浮现的，也对其有自己的定义。

如果你想到“自己的家”，是一个能够让你放松、恢复精力的地方，有人宠爱你、关心你，那么你会在忙碌了一整天后，迫不及待地回到这个地方。但如果你一想到“自己的家”，压力、紧张感就会出现，慢慢地你就会不想回家。小雯说的“应该”，可能全都是对的。但这样反而更糟，为什么呢？因为丈夫连反对的理由都没有。

也许在理性上，丈夫认可这些家庭原则是正确的，甚至也会配合。设想家庭成员都理想地按照小雯的“指示”生活，那确实是“模范家庭”。可不是每个人都是“模范生”，人都有自我的一面，有些规则可能与“个性”冲突。如果一个人不认可规则，想“满足”自己的个性需要却不被允许，甚至毫无反对的理由，这个人每一次被迫遵从原则，就会在无意识中减少一份对家的爱，多出一份对伴侣的怨。这种感觉平时出现几次没关系，但日积月累，这个人就会觉得自己的意见不会被重视，在家里都没有任性的空间。

每个人心中都有一个“内在小孩”，这个小孩会想要任性、想要被宠爱，如果他时时刻刻都要按照规则做事，他会感觉不到自己被爱。当一个人必须不断地压抑、遵守、付出的时候，就会渐渐失去被人宠爱的感觉，也就渐渐不会再爱对方。

共建家庭规则，而不是一方要求另一方“应该”

前文提到过，夫妻之间有4种行为最容易导致离婚，分别是指责、蔑视、防御、回避。总对伴侣强调“应该”，背后其实包含了“指责”。而如果伴侣做不到这个“应该”，或者不想做，他就会采用“防御”或“回避”的行为。这样夫妻间的互动，就包含了3种最可能导致离婚的行为。

一段快乐的感情，需要满足3个方面——热情、亲密、投入。那些总是在要求对方“应该怎样”的伴侣，其实是将重点放在了“投入”这方面。他们的出发点是好的，设置这些规则，不过是希望家庭发展得更好。但一个家庭如果完全按照规则行事，就会渐渐变得僵化，“热情”这个部分就会消失。如果夫妻中一方扮演规则“设置者”和“守卫者”，那另一方只能扮演“服从者”，他们之间的亲密感就会被破坏。虽然这里讲述的故事是一位丈夫的抱怨，但实际上，这样的情况在男女中都存在。有些丈夫对妻子也会设置很多“应该”的要求，他们忽视了妻子首先是一个独具个性的人，其次才是在扮演“妻子”和“母亲”的角色。如果“人”这个本质被忽视，只有“妻子”和“母亲”这两个角色被重视，妻子一样会感觉不再被爱。

家庭规则最好能够两个人共建，而不是由一个人去规定。既然每个规则都是为了家庭发展得更好，那么家人的心情也需要成为一个考量因素。当你想说“应该”的时候，可以先问问自己：这个“应该”真的对我的家庭来说很重要吗？在我设置这个“应该”的时候，是否更重要的是想降低自己的焦虑？是这个“应该”更重要，还是一家人的关系更重要？

07 学会高效“吵架法”

我想要的不过是一句道歉

几年前，一个朋友开始学习心理学，她的家人起初都很支持，但学了一段时间以后，她老公就反对了，原因是觉得她心态没变积极，反而抱怨更多了。

朋友每周都要专门找时间和老公“沟通”，细数这段时间老公让她感到伤心、不满的地方；她也把自己很多情绪详细表述出来，把自己看到老公的反应也一一列举出来，从行为分析到态度，再分析到原生家庭……她学习了“爱的5种语言”之后，发现自己和老公表达爱的方式很不相同：她希望被称赞、被感谢，希望老公多给她一些拥抱、亲吻；但老公不习惯用语言表达爱，也极少做出温情的动作，他习惯的爱的表达方式是帮对方解决生活中实实在在的事情，或者给对方买个礼物、给对方的家人经济支持。

她花了很长时间给老公“科普”心理学知识，期望老公能够理解两人原生家庭不同而导致的性格差异，改变对待她的方式。但这些“努力”都没什么用，老公还越来越反感她学“心理学”，一听到她要去上课就头疼，担心不久又要有一番说教。

不过后来，老公对待她学习心理学的态度改善了很多，甚至偶尔还会和她一起去听课。这一切的改变，都源于她一个小小的变化。

她和老公每年春节都要面对一个难题——去谁家过年。这个问题每年都会导致他们吵架。最近一次过年，两人终于商量好去她家，下一年再去老公家。可是春节前老公家里人打电话说，婆婆特别想念儿子，知道他今年春节不回家哭了好几天，心脏病也犯了，劝他们今年还是要回去。她知道以后很生气，觉得这是公婆故意为之，今年婆婆生病，明年公公生病，这样下去她每年都没法回自己家过春节了，她父母也想见自己女儿、外孙怎么办？

春节前，她和老公因为这件事吵了一架，老公说她白花了那么多钱学心理学。她一气之下带着孩子自己回老家过春节了，老公也回自己爸妈家。大年初四的时候，老公突然到了她老家，给岳父岳母带了很多礼物，还给岳父岳母买了台新电视机。老公主动打破僵局，向她解释婆婆是真的住院了，还给她看了医院的照片。她憋了一肚子的委屈，本来想好好发泄一番，但她忍住了。她知道，如果自己将情绪都发泄出来，老公肯定听不进去，两人只会无休止地争辩，最后又变成“冷战”。

她控制住自己的情绪，对老公说了一句：“你打破我们的约定，我很郁闷，我觉得你应该向我说一句‘对不起’。”老公说：“我主动来你家，还给你爸妈换了电视机，我已经很诚心了。”（潜台词是我的行为已经说明我在道歉了，你别逼我说出口。）

她知道老公特别难说出“对不起”“谢谢”“我爱你”这类的话，他可以用无数的行动去表达这些感情，就是没办法说出口——他觉得这些话很虚伪，家人之间不需要这些做作的言语，还不如做点儿什么更实在。

如果逼他说，就又会向他“灌输”心理学，老公估计又会开始望着窗子发呆，或者责怪她被“洗脑”。但她又需要一个道歉，怎么办呢？她想到了一个两人都可能会接受的方法，她说：“好吧，如果你觉得抱歉的话，就抱我一下吧。”老公有些忸怩，说：“老夫老妻了，有必要吗？”她说：“你说不出口，就抱我一下，这样我才感觉得到你的道歉。”后来老公略显僵硬地抱了她一下，她则紧紧抱着老公，还轻轻拍了拍他的背。这样两人就算和好了。这是她第一次和老公如此快速地和好。

这次事件给了她一个很大的启发，她发现其实有时候根本没必要说太多，用两三句话说清楚自己的感受，告诉对方怎么做自己会感觉好一些就行了。

“沟通”最有效的方法——长话短说

很多人误以为“沟通”就是把自己的想法都说出来，其实语言只是沟通的其中一种方式，有时语言运用不当，沟通效果反而更差。

很多心理学初学者都会出现同这个朋友一样的情况，初学一点儿的时候，特别想告诉对方两人之间存在分歧是什么原因导致的，但是讲得越多，对方越难接受。每个人都会有防御心理，通常很难有人会立即接受自己“错了”这件事。当你指责一个人错了，你之后说的话他基本也就听不进去了，而此时如果你还将他的原生家庭也纳入“指责”的范围内，他会更难以接受。

有心理学家调查过家庭内的冲突原因，发现家人对彼此的需要就是两句话：“我希望你向我说一声‘谢谢’”和“我希望你向我说一声‘对不起’。”基本上所有的问题归根结底，就是对方没有表示感谢或者没有表示歉意。而很多人向家人索要的也正是这两件东西——感谢和道歉。与其拐弯抹角、长篇大论索要，不如简单地表达“我需要你的感谢”或“我需要你的道歉”。这种简单的表达并不容易做到，因为承认自己的负面情绪对很多人来说很困难。

很多人都不太会正确表达自己的负面情绪，很多时候这种表达会变成唠叨和抱怨。如果对方不愿听你唠叨，他能听进去的信息就会很有限，对方可能会“选择性失聪”，把你的话当成耳边风。这种情况不仅存在于夫妻之间，还存在于父母和孩子之间。有些爸妈常常给孩子讲道理，孩子看起来在听，却从来不按照父母想要的方式做。原因很简单，在父母讲道理的时候，他们的思绪早就离开了……

如果你希望对方听进去你讲的话，最好的办法是长话短说。比如，对方说了一句伤人的话，你可以说：“你这样说我很难受，希望你能向我说‘对不起’。如果下次你还对我这么说，我会立即走掉。”“难受”是你的感受，“希望”是你期待对方怎么做，“如果”是你告诉对方他再这么做的后果。

锻炼出3句话以内就阐明你的感觉、你的期待和你未来会怎么做的能力，你会发现你和家人的冲突会急剧减少。将自己的需要用几句话说出来真的很难，但是“有效表达”就是一个需要不断练习的行为。很多家庭小事都可以用来练习，你若能在谈论小事时学会简洁扼要的技巧，以后谈论别的事就能更得心应手。

CHAPTER

5

如何应对婚姻中的背叛与分离

没有情感亲密的“性”，即便对方身体很有“魅力”，也会感觉很“空虚”。大多数发生婚外情的人，并不是因为想要性伴侣，而是想要一个紧密连接的关系。

01 “好女人”的老公为什么要出轨

出轨对象竟是个普通的中年妇女

老陈是表哥的领导，人挺温和，和下属也能玩儿到一块儿。表哥所在的是个人人争破头都想挤进去的部门，老陈能坐到今天的位置，也经历了一番“残酷”角逐。很多人认为，老陈事业有成，妻子梅姐功不可没。梅姐就是大家传说中那种成功男人背后的女人。梅姐是潮州人，端庄、贤惠、厨艺好，煲得一手靓汤。在梅姐无微不至的照顾下，老陈什么家务都不用做，家里什么事都不用他操心。

梅姐家里有家族产业，结婚前她帮着家里打理过一段时间生意，见过世面，也有商业头脑。老陈能坐到今天的位置，和梅姐的“调教”不无关系。大家都羡慕老陈，因为他背后有一个支持他的好女人。然而梅姐最近发现老公出轨了。讽刺的是，梅姐是最后一个“发现”老公出轨的人。老陈周围几乎所有朋友都知道“那个女人”的存在，她甚至还和老陈一起参加过朋友聚会。

30天婚姻自救训练手册

小楼老师 著

中国妇女出版社

第 1 天

目的

觉察你如何回应伴侣的消极情绪。

过程

当伴侣向我倾诉消极情绪，我的反馈：

伴侣得到我的反馈后，ta 的反映：

收获

我对自己的评价：

我想改进的地方：

第 2 天

目的

对婚姻中常见的四种行为保持警惕。

过程

今天我与伴侣的沟通中是否表现出指责、蔑视、防御、回避中的一种或几种行为？

具体表现：

ta 的反映：

收获

我对自己的评价：

我想改进的地方：

第 3 天

目的

讨论婚姻中的五个关键问题。

过程

和伴侣一起聊一聊关于财产、与伴侣家人之间的关系、家务活儿、养育孩子、性这五个方面的感受。

我的感受：

ta 的感受：

收获

伴侣是否知晓我的感受：

我是否了解伴侣的感受：

第 4 天

目的

做到两件事，找到维持婚姻的“吸力”。

过程

和伴侣一起列一张清单，将“能为对方做的事”和“能一起做的事”分别列出来。

我能为 ta 做的事：

我们能一起做的事：

收获

我是否了解对方的真正所需：

对方是否了解我的所需：

第 5 天

目的

学会使用“爱的五种语言”。

过程

今天我是否使用过“爱的五种语言”：赞美对方、为对方做一些事情、全心全意陪伴对方度过一段时间、送对方一件礼物或和对方有亲密的身体接触？

我的行为：

ta 的感受：

收获

我对自己的评价：

我能改进的地方：

第 6 天

目的

学会全身心陪伴伴侣。

过程

回忆一下，当我和伴侣在一起的时候，今天是否全程没有玩手机，或者做其他事情？

我的行为：

ta 的感受：

收获

我对自己的评价：

我能改进的地方：

第 7 天

目的

了解对方的心理，重新经历被人爱上的感觉。

过程

问一问对方，当初是如何爱上我的？

我的记忆：

ta 的记忆：

收获

我们的记忆是否一样：

我对伴侣的期望：

第 8 天

目的

看到对方的付出，学会赞美对方。

过程

是否经常赞美我的伴侣？

我的表现：

列举对方的优点：

收获

我对自己的评价：

我能改进的地方：

第 9 天

目的

学会隐藏自己的“黑暗面”。

过程

当伴侣因为某事“惹”到了我，我的反映是什么？

我的情绪：

ta 对我的情绪的反映：

收获

我对自己的评价：

我能改进的地方：

第 10 天

目的

进行一次“减压对话”。

过程

设定好时间，和伴侣聊聊今天发生的不愉快的事情。

我的想法：

ta 的状态：

收获

我对自己的评价：

我能改进的地方：

第 11 天

目的

审视一下，自己是否从伴侣身上获得了足够的“安全感”。

过程

回想一下，自己是否曾向伴侣撒过娇？

我的记忆：

对伴侣的感受：

收获

我对自己的评价：

我能改进的地方：

第 12 天

目的

懂得“抽离”夫妻关系。

过程

吵架时，我们是否能够做到短暂地冷静一下？

我的做法：

ta 的做法：

收获

我对自己的评价：

我能改进的地方：

第 13 天

目的

审视自己有没有以冷漠回应对方的吵闹，拒绝“冷暴力”。

过程

回顾我和伴侣最近的一次吵架，并进行梳理。

我以何种方式结束两人的争吵，缓和关系：

ta 对此的反映：

收获

我对自己的评价：

我能改进的地方：

第 14 天

目的

学会正确关心伴侣。

过程

在关心伴侣的时候，我有没有出自好意，但出口却是“恶语”？

我的习惯：

ta 对此的反映：

收获

我对自己的评价：

我能改进的地方：

第 15 天

目的

改变互动模式，找到化解分歧的方法。

过程

如果我和伴侣总在某一点上存在冲突和分歧，回顾一下我们的互动模式。

我的一贯做法：

ta 的反映：

收获

我对自己的评价：

我能改进的地方：

第 16 天

目的

避免总向对方说“应该”。

过程

当我总是要求对方“应该”怎么做时，我的态度：

ta 的反映：

收获

我对自己的评价：

我能改进的地方：

第 17 天

目的

学会让矛盾“共存”。

过程

当对方因做某件事总是引起双方争吵时，讨论一下各自性格的差异，以及形成差异的原因，找到二人最接近的“节奏”。

性格的差异：

形成的原因：

收获

我对自己的评价：

我能改进的地方：

第 18 天

目的

察觉丈夫对妻子的态度。

过程

评判一下丈夫对妻子的理解程度。

妻子的感受：

丈夫的感受：

收获

丈夫能改进的地方：

第 19 天

目的

找到“自我”与“合作”的平衡点。

过程

对生活琐事、家庭重大问题、各自的事业发展，和伴侣进行“约法三章”。

我的需求：

ta 的需求：

收获

我对自己的评价：

我能改进的地方：

第 20 天

目的

正确、有效地“吵架”。

过程

当我利用“高效吵架法”，长话短说，表明自己的情绪与需求时，对方如何反映？

ta 的反映：

事情的结果：

收获

我对自己的评价：

我能改进的地方：

第 21 天

目的

认识自己的金钱观。

过程

面对家庭的巨额开销，我的观点：

ta 的观点：

收获

我能改进的地方：

家庭的共同投资和风险应对：

第 22 天

目的

了解亲密关系中最脆弱、最容易受到伤害的领域——性生活。

过程

和伴侣讨论它，将焦点集中在各自的需要和渴望上，不要去责怪对方做错了什么。

我的感受：

ta 的感受：

收获

我对自己的评价：

我能改进的地方：

第 23 天

目的

了解对方的童年，从伴侣的原生家庭找到与新家庭的联系。

过程

谈论各自童年中的正面经历和负面的、伤害的经历。

我的经历：

ta 的经历：

收获

我对伴侣的理解：

我能改进的地方：

第 24 天

目的

成为伴侣最大的支持者。

过程

问问对方，有什么事一直想做，但一直没做成？是什么阻止了对方去做这些事情？

我的梦想：

ta 的梦想：

收获

我对伴侣的理解：

我能改进的地方：

第 25 天

目的

审视自己是否有离开对方独立生活的能力。

过程

假设婚姻无法存续，思考一下自己是否有能力生活。

我的状态与能力：

收获

我对自己的评价：

我能改进的地方：

第 26 天

目的

利用“关键一秒钟”。

过程

在和对方沟通时，我的视线是否第一秒就与其接触？

我的视线：

ta 的视线：

收获

我对自己的评价：

我能改进的地方：

第 27 天

目的

检查丈夫对“父亲”角色的转变程度。

过程

在养育孩子的过程中，考量一下丈夫承担责任的比例。

妻子的评价：

丈夫对自身的评价：

收获

妻子的希望：

丈夫改进的地方：

第 28 天

目的

别让孩子成为你情绪的“垃圾桶”。

过程

审视自己是否曾在孩子面前诉说委屈，指责伴侣的不好。

我的做法：

孩子的状态：

收获

我对自己的评价：

我能改进的地方：

等 29 天

目的

学会向孩子“道歉”。

过程

难以控制情绪，向孩子发了脾气。

我的做法：

孩子的反映：

收获

我对自己的评价：

我能改进的地方：

第 30 天

目的

设定家庭专属节日。

过程

和家人共同商定一个具有特殊意义的家庭节日。

我的建议：

伴侣的建议：

孩子的建议：

收获

家人的反映：

我的感受：

老陈的出轨对象并不是什么“妖艳贱货”，只是一个长相普通的中年妇女。但老陈对这个女人极其迷恋，他平时在家什么都不会做，却会给那个女人做饭、装修房间，陪她购物。年前表哥部门聚会，大家喝了不少酒，趁着酒劲儿，表哥问老陈到底看上那个女人哪里了。老陈也没藏着掖着，说他和梅姐两人很早就分房睡，早没什么感情了，连吵架都不会吵了。而他和那个女人，就是聊得来。

几年前，老陈肺部发现一块阴影，当时怀疑是肿瘤，跑了好几家医院检查，都不能确诊。诊断结果没出来那段时间，老陈思考了很多关于生命和死亡的问题，半夜醒来睡不着，就在客厅来回走。梅姐被他吵醒，说他：“想那些没用的干什么，结果还没出来。”白天，梅姐还是一如既往地煲汤、做饭、搞卫生。老陈越来越焦虑，平时生活中隐隐约约的孤独感在死亡的威胁下凸显了出来。他闷闷地抽烟，梅姐就说：“还抽，你那个肺上的肿瘤就是抽出来的，几年前就叫你戒，你不听。”

老陈早就有点儿烦梅姐总是事事管着自己。年轻的时候，他事业发展不太好，梅姐像个训导主任一般“指导”他该怎么待人接物，搞好各方关系。一开始他还接受，可随着事业发展越来越好，他从唯唯诺诺的小陈变成了让别人唯唯诺诺的陈总，梅姐还在对他的工作指手画脚。虽然梅姐渐渐地发现自己也管不着老陈的工作了，但生活上她却把老陈管得死死的。老陈每天下班进门，梅姐的“唠叨”就开始了：“把鞋脱了放好”，“衣服该换了”，“说了多少遍，袜子别扔床上”，“你是不是周末约了老张他们打牌？我跟你说，少和他扯上关系”……那段时间，老陈心情烦躁，也不知怎么的就和那个女人聊上了。最初，他没想着要和那个女人怎么样，不过是两个寂寞的人相互解闷而已。然而这个病突然就让两人的关系更近了。老陈将梅姐和那个女人处处比较，觉得那个女人才是自己的“灵魂伴侣”。

“母子关系式”婚姻的2大危害

老陈和梅姐的婚姻早就埋下了隐患。即便老陈不出轨，他们的婚姻也谈不上幸福。因为梅姐和老陈的关系并不是健康的夫妻关系，而是“母子关系”。在梅姐和老陈的这段婚姻伊始，梅姐就像个母亲一样“指点”着丈夫的工作、照料着丈夫的生活起居。丈夫确实事业有成了，但他们之间的关系也变味儿了。

“母子关系式”的婚姻有两大危害，第一个危害就是会破坏掉夫妻关系中最重要的一种元素——浪漫。虽然有很多问题都会消磨掉一对夫妻的浪漫感觉，但“母子关系”对此破坏最为严重。一个男人可能会依赖“母亲”的照顾，但若妻子越像母亲，两人对彼此的吸引力就会越小。

“母子关系”是怎样破坏掉一对夫妻之间的浪漫之情的呢？如果妻子越是觉得丈夫“什么都做不好”，丈夫就越会感觉自己在妻子心中“没用”。面对妻子，他会失去作为男人的“力量感”，但是每个男人都希望自己是有“力量”的。有些男人会想办法和妻子争夺权力，他们在外面温文尔雅，但偏偏喜欢与妻子争吵，总是否定妻子的决定；还有一些男人在家中无法展示“力量”，就会在外面寻找展示“力量”的机会。不少男人的出轨对象不都是比自己“弱”很多的女人吗?

有些妻子会对丈夫有“望子成龙”的心态。她们喜欢插手丈夫的工作，给丈夫很多意见，逼迫丈夫“上进”。像母亲会互相比较孩子的成绩一样，她们也爱将丈夫和别的男人加以比较，批评、嘲讽丈夫不如别人。“母子关系”不仅让丈夫不满，也会让妻子不满。哪个女人会觉得照顾一个孩子的生活是浪漫的？经常对自己发脾气的男人、不愿承担责任的男人，也不可能让妻子感觉到浪漫。

“母子关系式”婚姻的第二个危害是会让男人想“逃”。每个小男孩长大的过程中，都会渐渐疏远母亲，以证明自己是个男人。在“母子关系式”婚姻中，丈夫会觉得这样的婚姻对自己“太束缚”。虽然并不是每个在这种关系中的男人都会选择出轨，但他们会出现很多和妻子疏远的行为——比如越来越少和妻子交流、一心扑在工作上不愿意回家等。

有人说，现在男人都喜欢找“保姆式妻子”，很多父母也希望儿子找到能在生活上照顾他们的女人。然而，这样的婚姻从一开始就埋下了巨大的隐患。家庭是一个系统，家庭成员之间的力量此消彼长，一个人越承担责任，另一个人就越逃避责任。如果夫妻不能意识到问题出在关系模式的错位上，时间越久，他们就越会对彼此充满抱怨，更加难以改变现状。

02 婚姻好不好，身体会知道

离婚如同“劫后余生”

前几天，一个很久没联系的师姐在微信上给我留言说：“好久没联系了，有时间聚聚吗？”虽然很久没联系，但并不是完全不知道她的消息。有时同学聚会，有人会聊到她。她是那种让人羡慕的女人，长得漂亮、工作又好，老公还是一家外企的负责人，两人有一个可爱的女儿。偶尔看她发的朋友圈照片，都是幸福满满的样子。然而，这次见面后我才知道，她已经离婚了。

师姐的前夫是她的高中同学。在当时追求师姐的众多人中，他不算出众。但师姐觉得他很有上进心，是个有潜力的男人。师姐没看走眼。前夫既努力又幸运，工作几年，一个偶然的机会升迁到了公司管理层，成为公司最年轻的高管。很多人都夸赞师姐慧眼识珠。但婚姻这种事情，如人饮水，冷暖自知。外人看来花团锦簇，哪里不妥自己有感觉。

孩子出生后，师姐渐渐感觉到了老公对自己的冷落。某天她忍不住偷偷翻看了老公的手机，还真发现他和公司一个女实习生关系暧昧，那个女人甚至还给他发了一张衣着暴露的照片。在她质问下，老公承认了出轨。但是老公说自己是被勾引的，并不想离婚，并向她发誓自己要回归家庭，和那个女人断绝往来。师姐虽然痛苦，也不甘心这样放手。认识的人也都劝她："你老公现在工作好，收入那么高，凭什么离婚，便宜了那个女人。"还有人提醒她："要是这个女人和你老公结婚，肯定还会再生孩子，以后他的心还会放在你们孩子身上吗？"

师姐父母也劝她，为了家庭着想，原谅老公。师姐的生活一直被别人羡慕着，她也担心离了婚被人嘲笑。想想孩子的未来，想想别人的眼光，想想父母的失望，师姐决定忍气吞声——反正不能便宜了那个女人。

这一忍，就是5年。

一开始，前夫还遮遮掩掩，后来吃定了师姐不会和他离婚，竟然越来越放肆。前夫和那个女人时常出双入对，有不少人私下称呼那个女人为"嫂子"。这5年，师姐身材开始暴肥暴瘦，每晚失眠，脾气也越来越差。她和前夫争吵的频率越来越高，前夫有时还会指着她鼻子骂："就你这样，哪个男人愿意和你过？"然后摔门而去。有时前夫不回家，她还会把气撒到孩子身上，指着孩子说："要不是为了你，我才不会受这些苦！"可半夜睡不着，又觉得对不起孩子，独自在床上流泪。那段时间，师姐的头发掉得厉害，天气稍微变化就感冒发烧。

有段时间师姐感到胸闷，一检查，发现胸口有一块阴影。医生怀疑是肿瘤，但不能确定是良性还是恶性。师姐说，在等待确诊结果的那几天里，她突然就想明白了。如果上天能允许她健康度过下半生，她不要再这样活了。她想看到女儿长大、结婚、生子，她想给女儿做一个榜样，不要这么窝囊地当一个妻子。所幸，阴影是个良性肿瘤。她说："当时的感觉就像劫后余生，看待世界的眼光完全不同了。"

她主动提出了离婚。离了婚之后，她发现自己曾经担心的种种都是多余。孩子的未来？孩子要是一直生活在这种环境中，哪还有什么未来！别人的眼光？生活是自己的，和别人有什么关系！父母的失望？若她没过好，父母才真的会失望。

婚姻好不好，身体会知道

很多人以为，婚姻问题只会造成精神伤害，不会带来身体伤害。其实，所有心理上的损耗，最终都会由身体"买单"。很多长期承受着不幸婚姻的人，大多都有健康上的问题。

美国密歇根大学的路易斯·维尔布鲁格博士和詹姆斯·豪斯博士研究发现，生活于不幸婚姻中的人，患病率会增加35%；不快乐的亲密关系会让人一直处于压力状态中，高血压、心脏病、焦虑、抑郁等身体和心理疾病都更容易发生。

近年来还有研究指出，婚姻幸福度最直接影响的是人们的免疫系统。有研究专门抽取了实验参与者的血液样本，发现婚姻幸福的人，体内可以产生更多白细胞。人体内还有一种免疫系统细胞，叫作"自然杀伤细胞"，这种细胞能够识别靶细胞，杀伤介质。研究也发现，对婚姻满意的人，他们体内有效的自然杀伤细胞更多。所以长期苦闷的婚姻可能会使人罹患癌症，这种结论并不奇怪。其实不需要这样的研究，身体也会不断地告诉你，它们在痛苦的亲密关系中承受着压力。可是总有很多理由，让人们待在一段婚姻中，哪怕这段婚姻非常不幸。

学会为婚姻“投资”

如果婚姻问题已经给你的健康带来了损害，但你却不想离婚，此时该怎么做？

我建议这样的朋友做一个练习，来看清自己的内心。拿出一张纸，写下是什么让你选择留在一段不幸的婚姻中。是爱情？孩子？面子？经济？父母？或是别的什么。把所有无法放弃这段婚姻的理由按重要程度排序。再把“我的身体健康”放进去，看看它会排在什么位置。排在“我的身体健康”之后的原因都不用再考虑了。你的关注点，应该在那些比你身体健康还重要的理由上。

不幸的婚姻给人们造成很多问题，但美好的婚姻却能给人们带来很多利益。**美国哈佛大学一项延续了76年的研究发现，真正让一个人幸福的因素，不是金钱，不是名利，而是温暖的亲密关系。**

很多人愿意为健康“投资”，在食品上花钱、在锻炼上花时间。但是好的婚姻给健康带来的好处未必比健康饮食、长期锻炼少。如果你的婚姻有问题，搞清楚是什么让你不愿放弃它。花些时间为你的婚姻做点儿什么，鼓励或者要求伴侣和你一起进行婚姻咨询、走进婚姻课堂、阅读改善婚姻的书籍。你要相信，你的努力一定会获得应有的回报。

03 婚外情的本质，是情感连接断裂

爱情三元理论

曾经婚外情似乎还只是男性的“专利”，近几年女性也有奋起直追的趋势。然而，很多婚外情并不是婚姻失败的原因，而是婚姻失败的结果。

美国耶鲁大学心理学家罗伯特·斯滕伯格提出了爱情三元理论。他认为，一段完美的爱情，必须满足3个元素：亲密感、承诺、激情。不幸福的情感关系往往是缺少这3个元素中的1个或者2个，甚至3个。你可以通过以下7种情感关系，来检测一下自己的婚姻或者恋情。

缺少一种元素的关系有3类：

- 只有亲密感和激情，是浪漫式爱情。彼此相互喜欢，但只注重过程，而没有承诺。
- 只有亲密感和承诺，是合作伙伴式爱情。两人沟通良好，相互信任，但缺少激情，生活平淡如水。

- 只有激情和承诺，是愚蠢式爱情。两人的心灵连接很少，承诺往往很冲动。爱情如烟花般灿烂，却会在面对现实问题时很快消散。

缺少两种元素的关系也有3类：

- 只有亲密感，叫作喜欢式爱情。两人在一起很放松、很惬意，但既没有对彼此的激情，也不承诺厮守终生，更像是友谊。
- 只有激情，叫作迷恋式爱情。两人既没有深入了解，也不会对这段关系作出承诺，比如艳遇，或者一夜情。
- 只有承诺，叫作空洞式爱情。只有承诺，而缺乏激情和亲密感的关系，只是为了维持婚姻表面的样子。两人为了某种利益必须绑定在一起，可能成为“假面夫妻”。

当然，最差劲的关系，就是这3种元素一个也不具备，叫作“无爱”。

婚外情是婚姻出现问题的后果，而不是原因

这3种元素中，到底哪种或者哪几种元素与婚外情关系最大呢？人们往往以为，缺少“激情”的关系，最容易出现婚外情。因为“激情”往往和性相关。很多人认为，一对夫妻结婚久了，彼此之间的激情就会下降，加上年岁增加，就会失去对彼此的吸引力。人们会被更年轻、外表更有魅

力的人吸引，尤其是男性，喜欢年轻、漂亮的女性。这种说法有一定道理。即使在一段稳定甚至令人满意的婚姻关系中，一对夫妻也有可能感情旁逸斜出，对更有魅力的“外人”偶尔表现出情欲。瞬间的性吸引是人性，大多数人或多或少都会受到外界“诱惑”的影响。但是，稳固的婚姻关系能够有力地阻挡这些“诱惑”。

我认识一对夫妻，丈夫是律师，妻子是舞蹈演员。两个人刚刚相识的时候，妻子年轻漂亮，后来因为生病需要打激素，身材走样，可结婚15年来，丈夫一如既往地对妻子呵护敬爱，每年的结婚纪念日都会送妻子1枚钻戒。即使在外人看来，妻子已经远远配不上丈夫了，但是丈夫对待妻子依旧像热恋中的男女。这是因为丈夫当年从单位辞职出来创业，开办律师事务所的时候，资金出现了问题，妻子二话不说决定卖房子帮丈夫渡过难关。后来妻子生病了，丈夫也不离不弃。

前文提到过，夫妻间存在一个“情感账户”，这个“账户”资产的多少，决定着婚姻的幸福度高低。上面讲述的这对夫妻，在婚姻中通过各自努力，在彼此“账户”中不断存款，让彼此成为人生中最信任、最可依赖、最亲密的人。这种质量的感情，不会随着时间褪色，也能挡住外界各种诱惑。

越来越多的婚姻治疗让人们发现，夫妻之间性的满意度和情感关系的满意度高度相关。稳固的情感连接能够维持住激情，激情能够促使感情更融洽。也就是说，情感关系质量和性关系质量相互影响。脆弱的情感连接也会导致夫妻性生活不满，而性生活不满又会让连接更脆弱。性生活不满足，很可能是情感连接出现问题的警示。所以婚外情，只是婚姻出现问题的后果，而不是原因。

加强情感连接，是避免婚外情最好的方法

婚外情的轨迹往往是这样的：当一对夫妻时常轻视、指责对方，常常拒绝沟通，在彼此那里无法获得安全感，在冲突不断、自尊感受损、感觉孤独、婚姻沉闷、性生活不满等一系列事件发生后，两人的婚姻之墙便出现了裂缝。然后，他们身边出现了另一个人——潜在的第三者。对生活的孤独与郁闷，让他们和潜在第三者在情感上开始靠近。（社交软件使这个过程变得更加便捷、更加隐秘，成本更低。所以社交软件出现后，婚外情的情况更加泛滥。）

他们将伴侣与这个潜在第三者不断对比，发现伴侣在很多方面都不如第三者。对比让人遗憾，甚至后悔自己没有选择“对的人”。这样的对比，会让伴侣关系更加恶化。关系恶化又会使得他们和潜在第三者更加靠近。直到某一天突破底线，发生实质上的性关系。但其实在发生性关系之前，精神出轨就已经发生了。

所以，性欲往往不是婚外情的本质原因。因为没有情感亲密的“性”，即便对方身体很有“魅力”，也会感觉很“空虚”。大多数发生婚外情的人，并不是因为想要性伴侣，而是想要一个紧密连接的关系。

维护婚姻不遭遇出轨的最好办法，就是重视夫妻情感质量，维持良好的情感连接。婚姻是门功课，需要学习；婚姻出现问题，就需要疗愈。

04 决定离婚了，要不要告诉孩子

父母婚姻问题，导致女孩出现行为问题

很多年前，我曾接触过一次咨询，是一位母亲带着一个10多岁的女孩来咨询。

女孩有很多行为问题，比如偷窃、早恋。咨询刚开始，女孩几乎一言不发，坐在边上不断拨弄头发。母亲说得泪流满面，女孩只是在听到某些话时会抬起头，给母亲一个白眼儿。母亲越说越气，甚至说女孩“不要脸”“没羞没臊”。女孩突然愤怒地说：“我不要脸是跟你学的，你也是贱货。”母亲气得不行，打了女孩一巴掌。

女孩立即爆炸了，吼道：“别以为我不知道你勾引男人，我看见你和别人手拉手亲嘴！”母亲一下子愣了，面红耳赤。过了好久，母亲吞吞吐吐地说：“我和你爸早离婚了。”女孩听到这句话也愣了一下，眼泪唰地流了下来，然后低头说：“我就猜到，我就猜到……”

女孩的父母在她7岁的时候就离婚了。父母一致决定，等孩子成年后

再告诉她两人离婚的事情。在女孩比较小的时候，只要问起爸爸到哪里去了，母亲就会说“出差了”或者“出国了，回不来”。但女孩能感觉到父母关系不好，因为每次母亲回答这个问题时都很愤怒，或者很不耐烦。渐渐地，女孩不敢再问。

这么多年，女孩的父亲和她见面不超过5次，1年可能才打一两次电话。不知道真相的女孩，能够感觉到这个家庭非常“扭曲”。这个横亘在母女之间的问题，让两人关系越来越疏远。女孩不是没猜测过两人是否离婚了，但是每次猜测都被母亲粗暴否认。偶然一次父亲打电话来，女儿也问过，还是被否认。

母亲自己本来就是个有些完美主义倾向的人，对女儿要求也很高——房间要整洁、成绩要好、要学习琴棋书画……母女之间的矛盾越来越多。女儿常常怀疑，是不是父亲已经抛弃了她们母女？后来甚至猜测，父亲肯定是受不了母亲，才躲得远远的不愿回家。每当想念父亲的时候，女儿也不敢问母亲，但对母亲的态度越来越怨恨。这种怨恨在某一天到了极点——女儿无意中看到母亲和一个男人牵着手接吻。这一幕，不仅让她愤怒，还很恶心！她觉得母亲很坏！母亲和男人牵手接吻的画面一直在她脑海徘徊，只要看见男女亲热，她就会想起这个画面。

处理得当，离婚只会给孩子造成“短期影响”

如果父母离婚，却欺骗孩子说“婚姻尚存”，绝对不是明智之举。很多父母本着“保护孩子”的好意，拒绝向孩子透露“离婚事实”。他们认为孩子大一点儿，再接受这个事实会更容易。然而，这只是父母一厢情愿的想法。不管是哪一个年龄段的孩子发现父母离婚，都会是种伤害。

孩子是家庭的一部分，很多父母常常低估了孩子的敏锐性，以为自己营造的谎言是为了孩子幸福。恰恰相反，当孩子看到的、感觉到的事实，和他被告知的事实是分裂的时候，除了胡乱猜测，他还会经历很多情绪上的折磨。虽然离婚对家庭中每个人，尤其孩子是一个巨大的创伤事件，但如果父母处理得当，这种伤害的影响只会是“短期影响”。

美国宾夕法尼亚大学社会学家保罗·R.阿马托的一项调查发现，大部分孩子在经历父母离婚以后还是能够复原的。美国弗吉尼亚大学心理学家赫瑟林顿的调查也显示，父母离婚对许多孩子有短期的消极影响，但这些消极影响多数会在第二年就减少甚至消失。不过，也有一小部分孩子会遭受长期的影响。

如果父母在离婚前冲突很严重，他们离婚后对孩子的消极影响反而会减少。美国弗吉尼亚大学罗伯特·E.艾米莉认为，那些能够很好处理离婚压力的父母，他们的孩子也能尽快适应父母婚姻破碎的现状。

如何告诉孩子离婚的消息

父母应该怎样告诉孩子离婚的消息呢？请父母们做到这5点。

第一，父母最好聚在一起，诚实地告诉孩子两人的决定。当从父母双方那里共同收到这个消息的时候，孩子混乱的感觉会稍微小一些。

第二，一定要告诉孩子，离婚是父母共同的决定。向孩子解释：有时一对夫妻也可能无法长期相处下去，为了两人更好地生活，父母决定分开。分开的决定不是因为孩子造成的。

第三，给孩子关于未来的保证。告诉孩子即便离婚了，父母都还是爱着他，并且仍然会像原来一样照顾他，也会和他保持联系。同时告诉孩子对于未来的计划和安排，也可以征求孩子的意见。

第四，选择一个合适的环境告诉孩子。很多被告知父母离婚的孩子，会牢牢记住得知父母离婚那一刻的情景，甚至多年以后想起那一刻，仍然能够清晰地回忆起父母的表情、语气、谈话内容，他们受伤害的情绪也可能被激活。所以，在告诉孩子离婚的时候，要选择一个安静、安全的环境，这个环境要能够承受孩子哭泣、吵闹。

第五，做出离婚的决定后，尽量速战速决。离婚往往会牵涉财产分配和孩子抚养权争夺，有些夫妻的离婚进程会因为这些事情拖延很多年，甚至变成离婚大战。离婚的过程越长，夫妻冲突越大，对孩子的影响越严重。

孩子需要多长时间去适应父母离婚造成的剧变，取决于父母多久可以对这段婚姻释怀，以及离婚造成的混乱有多严重。此外，有些孩子会对父母离婚的情绪反应过大，甚至出现“分离焦虑障碍”，不要忘记可以带着孩子向咨询师求助。

05 离婚到底会对孩子产生什么影响

你过不好，才是对孩子最大的伤害

有一位妈妈问：“现在的文章都在说给孩子最好的礼物是父母彼此相爱，可是单亲家庭怎么办？我也想有个好婚姻啊，可是孩子爸爸不负责任，还有暴力倾向，我只能和他离婚。现在我没办法给孩子这样的礼物，我想还有很多人和我情况差不多，那我们该怎么办呢？”

我没有直接回答她的问题，而是给她讲了个故事。

我认识一位心理学老师，她在世界各地讲课，很多上过她课程的人都喜欢她。她积极乐观，和她聊天总让人感觉愉快，而且她说出来的话也常让人有醍醐灌顶的感觉。我认识她不久，曾对她说：“你的孩子和丈夫真幸运，有你这样的妈妈和妻子，应该每天都很幸福吧？”她说：“我的孩子幸福与否，我不知道，我们从来没有说过这些。至于我丈夫，我想他不会觉得和我在一起幸福，否则10多年前我们就不会离婚了。”

那时我才知道，原来她已经离婚这么多年。

她和前夫是学生时代的恋人。那时有很多人追求她，可她偏偏钟情于前夫。不仅仅是钟情，简直就是疯狂迷恋，他的缺点在她眼里都是优点——他的粗鲁在她眼里是男子汉气概，他的不负责任在她眼里是风流潇洒，他的莽撞在她眼里是勇敢，他的冲动在她眼里是直爽……即便周围的朋友、家人一再提醒她，她也不以为然。恋爱时，她的所有开心和痛苦基本上都和他相关。他对她甜言蜜语的时候，她就觉得很幸福；他和她吵架或者表现出想要分手的时候，她就痛不欲生。可过分的是，在和她确定了恋爱关系以后，他还会和别的女人打情骂俏。但她觉得，一定是自己给他的关心不够，一定是自己还不够完美，他才会被别人吸引，所以她要更美丽、更性感、更温柔……

结婚后，他时常失业，人生观很消极，总是将所有的不幸都怪罪到别人身上。渐渐地，他还染上了酗酒的习惯，经常在白天就把自己灌得醉醺醺的。他们的婚姻里充满了争吵，甚至还有暴力。他们那时已经有了2个孩子，她有时要打2份工才能支撑一家人的生活。她不得不开始“面对事实”，逼迫自己要支撑起家庭。当然，那时她对前夫还抱有很多“幻想”。后来她获得了一家心理学机构的工作，利用工作之余她还参加了一些老师的公益讲座，也就是在那时，她开始接触到心理学。通过几年的学习，她有了很大改变，不仅渐渐看清了自己身上的问题、家庭中的问题，还在不断完善自己，挑战曾经不敢挑战的领域，挖掘自己的潜力。

回忆起那段时光，她说：“我也邀请他和我一起改变，可是他不接受。甚至在我工作压力很大的时候，他认为我有婚外情。”虽然她和前夫冲突不断，却一直没勇气面对自己的婚姻问题，所以两人糟糕的婚姻一直继续着。她努力了很多年，从一个小助理成为一位受欢迎的讲师，而她的前夫还是一直没有稳定的工作，仍然酗酒。前夫唯一的改变就是对她越来越没有安全感，对她和别的男性的关系总是疑神疑鬼，严重影响到她的工作。后来她终于决定离婚了，独自抚养一对儿女。

我问她："难道你不担心家庭破碎会给孩子带来伤害吗？"她说一开始担心过，可后来她越来越清楚，对孩子影响最大的并不是父母婚姻的形式是否还存在，而是孩子的抚养者本身的心理状态是否良好，给予孩子的养育是否恰当。

她的2个孩子现在都已经结婚，大女儿也有了自己的孩子。他们都生活得不错。她还告诉我，在美国有很多单亲妈妈，她们独自抚养出来的孩子确实有不成才的，但有些也很优秀，比如美国前总统奥巴马，他的整个人生中父亲几乎就是缺席状态。

离婚对孩子一定有坏的影响吗

记得我曾看过心理学家罗伯特·E.艾米莉的一本叫作《孩子以及离婚的真相》的书，书中讲：对于大多数孩子来说，父母离婚会对他们造成压力。孩子需要多长时间去适应生活的变化，取决于父母多久可以对这段婚姻释怀，以及父母离婚造成的混乱有多严重。那些能够很好处理离婚的父母，孩子也能尽快适应父母婚姻破碎的状况。

◆ 温暖有力的社会支持，给予孩子强大的复原力

为什么有的人童年幸福，成年后反而没过好；有的人童年不幸，成年后却能反转？如果父母的婚姻状况并不是影响孩子最关键的点，那什么才是？

心理学家发现，在面对人生的不幸、挫折、创伤时，那些能够迅速恢复的人具备一种能力——复原力。这种能力，可以让一个人很快接受事

实、适应环境，能够利用现有的资源化解危机。

那是什么让一个人发展出了良好的复原力呢？是社会支持系统。美国国家儿童发展科学委员会的一项报告显示，如果孩子和养育他的成年人有一段坚实、稳定的互动关系，他们就容易从伤害事件中尽快恢复。很多人可能都有过这种体验，如果至亲之人去世，身边还有其他人安慰、关怀，这个人就能较快从伤痛中走出来；面对情感困境，比如离婚，如果身边有朋友关心和鼓励，当事人伤心的程度或许不会那么剧烈，并且能很快走向新生活。

一个人面对逆境和不顺的复原力，是由这个人的社会支持系统决定的。当一个人拥有一段或几段有支持力、有回应的社会关系，再配合一定的处理困境的能力，他就能迅速从逆境中走出来，快速适应新环境。所以，父母能给孩子最好的礼物，未必是彼此相爱，而是能不能和孩子建立一段温暖、有爱的关系。

◆ 有意识打造孩子的复原力

没有人在所有方面都能做到完美，婚姻只是人生的一个方面。虽然有人在婚姻这一方面有过不顺的经历，那也是很多原因造成的，但至少父母要给孩子传递一个信息：“我不和你爸爸（妈妈）一起生活了，但是这并不损害我对你的爱。”除此之外，孩子与家庭之外的某人建立良好、稳定的关系，也可以提高孩子应对压力的能力。这个人可以是任何人——爷爷、奶奶、外公、外婆、老师或者一个亲密的伙伴。

复原力可以重塑、加强，任何时候开始培养都不晚。关键是你能不能和孩子建立起一段坚固有爱的关系，让他们知道，这个世界上一定会有一个人爱他、理解他、支持他，愿意倾听他的心事。

CHAPTER

6

如何处理婚姻中的财务问题

当一对夫妻发现彼此金钱观念上出现了冲突，不妨将此视为与伴侣深入连接的机会，借以了解彼此过往人生经历如何塑造了他不同的金钱观。

01 在金钱观上，一定要讲究“门当户对”

结婚后该不该降低生活水平

小彤是一个家庭非常富裕的女孩，人也长得很漂亮，初中时就到国外读书了，回国后进了一家外企工作。工作几年后认识了现在的先生，先生是个金融才俊，在一家投资银行工作。

先生的父母只是普通工薪阶层，家境比小彤家差很多。但先生聪明又勤奋，对小彤也细心体贴。恋爱1年，两人幸福地走进了婚姻殿堂。然而，两人婚后的生活却并没有想象中的顺利，最大的矛盾就在怎么花钱上面。结婚前，小彤每月工资不够用，父母给了她一张信用卡，不够的部分就用这张卡补上。结婚前先生的工资比小彤高很多，一部分拿来还房贷，一部分投资理财产品。两人结婚后，先生建议小彤将信用卡还给父母，因为以两人的收入应付生活其实还是绰绰有余的。先生把自己的工资卡交给小彤，表示自己以后的收入都由小彤处置。“处置”了半年，小彤不仅没有存下来一分钱，还有不少信用卡欠款。为这事，先生第一次和小彤发了脾气，说小彤不会过日子。小彤也不甘示弱，说自己结婚前就是这种生活水平，为什么结了婚反而还越过越差了？！

这次争吵后，先生软磨硬泡将自己的工资卡拿了回来，但不久，两人又爆发了一次争吵。这次争吵是因为小彤过生日，先生没有给小彤买她指定的花。小彤怕先生忘记买，临到生日前她专门将买花的网络链接发到先生微信上。先生看了看价格觉得太贵，认为玫瑰花都长得差不多，过几天就凋谢了，花几百块钱买一束尚能接受，怎么会有人蠢到买上千块钱的花？于是，先生自作主张在附近一家花店订了一束花送到小彤公司。拿到那束花后，小彤气坏了。在小彤看来，重要的不是先生没有买她要的花，而是根本不在意自己的感受。

失望的情绪一上来，小彤又想到平时两人出去吃饭，先生总是选择有团购的餐厅，完全不管是不是自己爱吃的；小彤原本想提高一下先生的品位，但先生似乎拒绝了解一切小彤认为“有品位”的东西，还对自己买奢侈品颇有微词。小彤觉得自己在结婚后生活水平越来越差，再对比自己一些发小儿的婚后生活，越发觉得自己婚姻不幸。

看到金钱问题背后的本质

金钱，是婚姻冲突的根源之一。如何花钱、如何存钱，对于一个家庭来说至关重要。但是金钱本身并不是一个复杂的问题。

一个心理学家曾向一个8岁的孩子询问如何解决下面这对夫妻的财务分歧。

丈夫对金钱的态度是要及时行乐，不存钱。丈夫有一个舅舅，是一位勤奋而节俭的商人，一生创造了数百万的财富。虽然如此富有，他却住在一间小公寓里，开着一辆普通的二手车。然而，这个有钱人还没来得及享受自己的财富就在一次车祸中去世了。他一生都在挣钱，却从没享受过生活。丈夫从小就听亲人们对这个舅舅的评价以及惋惜，这让他觉得生命无常，要及时行乐，否则辛苦半生累积下来的财富可能都享受不到。

而妻子却不这么想。妻子出生于一个贫穷的家庭，父母挣的钱也只能勉强维持生计，几乎没有多余的钱来应对一些突发事件。当父母老了以后再没办法挣钱，他们只能靠子女接济。她不想老了变得像父母一样穷困，所以想趁自己年轻时多存一些钱，到老的时候才能过上体面的生活。

当心理学家问这个8岁的小男孩这对夫妻该怎么办时，孩子说："存一部分，花一部分。"这确实是解决办法，即便成年人来解决这个问题，方法也不过如此。所以解决金钱冲突，一个8岁的孩子都能给出合乎逻辑的办法，为什么还有那么多人的婚姻会卡在财务问题上？这是因为，当一对夫妻在关于钱的问题上起争执时，他们争论的焦点根本不是钱。

生命的过往，造就你自身的金钱观

从某种程度上讲，金钱可以定义一个人，它决定了一个人的衣食住行，也决定一个人能和什么人交往等。在决定人们金钱观的所有因素中，影响最大的是一个人的成长史。童年、青春期以及成年后的经历会一遍遍塑造人们对金钱的态度是喜爱或者厌恶。你过往生命中的每个时刻或者身边的人都会塑造你的金钱观，也许是童年时期父亲的赌博，也许是母亲对金钱的斤斤计较，也许是姐妹们的挥霍浪费，也许是父母口中一直羡慕或者鄙视的人。所有这些时刻和这些人的态度一起作用，创造了你独特的金钱观。

如果一个人生活在一个“只敬罗衫不敬人”的环境中，他成年后就会将很多收入花在服装上面，宁愿为了一个名牌包吃上一个月泡面。如果一个人生活在一个认为有钱人都不是好人的环境中，他若认为自己是个“好人”，就很可能挣不到钱。这些观念会根植于他的信念中，左右他与别人的关系。

在婚姻中如何运用金钱，和理性、逻辑并没有什么关系，而是这对夫妻对金钱的态度决定了他们会怎么用钱。当你抱怨伴侣买了昂贵的奢侈品，你可能并不知道这些东西对他而言并不只是一个名牌包、一套高级时装、一件首饰，而是意味着“成功”“优越感”“好品位”等，这些奢侈品代表的含义定义着他，甚至保护着他的尊严；当你抱怨伴侣吝啬的时候，你可能并不知道银行账户上的钱能给他提供极大的安全感。

金钱本身并不能左右一个人的决定，但是它背后的力量和意义能够决定。所以，当两个人因为金钱起争执的时候，他们争执的并不是钱本身，而是各自的梦想、恐惧和内心的不足。

“门当户对”有一定的道理

常听有的人说，要找一个“门当户对”的人结婚，这确实有一定道理，至少这样的婚姻中两人在金钱观上的分歧可能会比较小。但是，金钱观仅仅是一个人所有观念中的一部分，恋人也许会被对方其他方面的特质吸引而决定与其走入一段婚姻。所以，当一对夫妻发现彼此金钱观念上出现了冲突，不妨将此视为与伴侣深入连接的机会，借以了解彼此过往人生经历如何塑造了他不同的金钱观。

一对夫妻若能够了解金钱对对方意味着什么，关于金钱有什么样的恐惧和期待，不去争论谁的金钱观正确、合理，而是尝试对金钱的信念达成共识，他们才有可能在未来的人生中保持共同的金钱观，婚姻也会更加幸福。

当你的婚姻因为金钱问题受到困扰，你不妨思考一下：在你的人生中，金钱对你来说意味着什么？在伴侣的人生中，金钱对他来说意味着什么？你的金钱观和你伴侣的金钱观一样吗？

02 婚姻中如何谈钱

乱花钱导致的离婚案

一对夫妻结婚10年，两人居住在西昌，婚后丈夫主动将工资卡交给妻子保管。由于丈夫来自农村，在西昌没有住房，两人婚后就和岳父岳母共同居住。10年间，丈夫的月收入从最初的1千元涨到6千元。丈夫一个月个人花销也就几百元，其余工资都交到妻子手中。丈夫从来不知道妻子每月挣多少钱，也不知道妻子存款有多少。他唯一的希望就是小两口儿能够赶快在西昌买套房，和岳父岳母分开住。

丈夫常常鼓动妻子去看房，但妻子总是说："钱都没有，看什么房？"某次丈夫所在单位奖励优秀员工及家属去泰国旅游，夫妻二人也在其中。旅行结束后，丈夫想买点儿水果之类的回来送朋友，妻子却说银行卡已经刷爆了。原来，那趟旅行中妻子光是化妆品就买了2万多元，这让平时节俭的丈夫非常生气。

旅行结束后，两人刚进小区，就被门卫叫喊住去取快递，大大小小

23个包裹全写着妻子的名字。丈夫本来气就没消，又看到妻子买了这么多东西，更是气得不行。回到家后，丈夫从妻子手里夺过手机，查了她的网购消费。经过计算，过去10年间，妻子在网上消费近40万元。后来丈夫才知道，妻子每月收入4千元，自己收入6千元，两人总收入1万元。妻子也承认自己网购没有节制，好多衣服穿几次就丢了。丈夫认为，在一个小城市，40万元足够买一套二手房了，妻子要是没花这么多钱，两人不至于结婚10年还没有自己的住房。丈夫气得要和妻子离婚……

不光如此，不久前在网上也曾看到类似的求助帖：因为我乱花钱，老公要和我离婚。关于金钱的问题，到底谁对谁错呢？

如何减少因为金钱观不同而带来的婚姻冲突

越能理解伴侣的金钱观如何形成，就越能够明白对方这样花钱的理由。但仅仅理解伴侣的金钱观是不够的。结婚前，两个人是独立个体，婚后则是一个家庭。为了家庭，两个人的金钱观都需要做出一定改变。任何一个家庭的资源都是有限的，不管是夫妻双方的精力、金钱、感情，负担能力都有一个上限，需要做一个分配规划，既要考虑未来，也要考虑风险。

如果某一方成为一个金钱“黑洞”，比如欠债、赌博，家庭的金钱怎么样都无法填满他的需要，无论之前多坚固的关系，也经不起消耗。对于一个家庭来说，夫妻间最需要做到两点——了解家庭财产安排与“掌控”自己挣的钱。了解家庭财产安排是要知道家庭的钱在哪里，是怎么存的、怎么花的。有些家庭可能是某一方管钱，不管钱的另一方可能完全不知道家庭财产是如何分配的。如果掌管钱的一方胡乱挥霍，对家庭就是很大的打击。

“掌控”自己挣的钱，是要保证自己挣的钱，自己有使用的权力。一个人若对自己挣的钱都没有使用的权力，他就会缺乏挣钱的动力。如果伴侣一定要把钱借给别人，或者拿给自己家人使用，再或者做某些投资，而另一方并不同意，那么底线就是伴侣只能动用自己挣的钱。

还要补充一点，那就是全职太太也应该计算收入。因为全职太太选择在家照顾孩子，是在为了家庭付出；如果她选择外出工作，那么也需要请人照顾孩子，请人给家里搞卫生、做饭、洗衣服……这一部分收入应该如何计算，夫妻最好也能商议好。

婚姻还应该设置与金钱有关的“界限”

中国的家庭常常面临一个问题——界限不清，不仅仅是在情感上界限不清，在金钱上也是界限不清。我知道一对夫妻，妻子是独生女，丈夫有一个弟弟。丈夫来自一个小城镇，大学毕业后进了一家很好的公司，认识了妻子。但是丈夫的弟弟却不争气，公公婆婆似乎也很偏向这个弟弟，总是私下里给他钱，甚至经常让哥哥拿钱去贴补弟弟。妻子为此有很多抱怨，但是丈夫是个孝子，不知道该怎么拒绝父母。有一年，公婆要翻新老家的房子，让哥哥出钱，可弟弟一分钱没出。当时这对夫妻正想按揭买套房，如果给了父母装修钱，自己买房的钱就不够了。后来妻子才知道，公婆其实也不是真的想装修房子，而是想让他们拿钱给弟弟在县城买房。妻子很生气，大城市的房子每年都在疯涨，晚买一年就意味着要多花不少钱，公婆竟然一点儿不体谅他们的难处。

面对这样“没有金钱界限”的亲人，有两种解决的办法。

第一种，换角度。比如，伴侣某一方的父母希望自己子女给钱，但对小家庭来说，拿出这笔钱并不容易，需要让父母也知道小家庭本身金钱上的难处。像上面故事中的小夫妻，完全可以告诉父母：“虽然我们现在在城里事业稳定、收入也稳定，但是竞争那么激烈，随时也有失业危机。房价每年涨这么快，如果不赶紧买，我们以后再怎么努力都追不上房价了。”甚至还可以引导父母考虑下自己的孙辈，可以告诉父母：“万一将来我们事业遇到危机，你们的孙子怎么办？”这种方式，也许可以让父母体谅一下小家庭的难处，体谅一下孙辈的处境。

第二种，“当黑脸”。如果“换角度”的办法没有效，且伴侣本人不好意思拒绝，或者感觉拒绝自己亲人有罪恶感，夫妻中的另一方就必须要“当黑脸”，清晰地向伴侣的亲人设置界限。但是需要夫妻先达成共识，才不会因为金钱而过度争执。

金钱观是最能认清一个人的途径之一，对金钱的理解、觉察、感受也是了解自己最好的方式之一。如果你选择了与一个人共度一生，金钱是绝对不应该回避的话题，这个领域，也应该作为在婚姻中好好“修炼”的领域。

03

“AA 制”的婚姻可行吗

哪些婚姻适合“AA 制”

在当下婚姻中，有很多种夫妻相处模式，夫妻在经济上“AA制”，就是其中一种。有的夫妻是这样实行“AA制”的，自己的钱归自己管，家庭共同开支就比较随意一些。但这种方式一直存在争议，网上还出现过一个热门话题：婚后要不要实行“AA制”？

有人说，外国人的婚姻比较适合“AA制”，中国人的婚姻不适合。其实在国外，婚姻中夫妻是否采用“AA制”也是一个十分敏感的话题，有不少财务专家和婚姻咨询专家都对此有过研究，结果是——某些婚姻适合“AA制”，而某些不适合。

哪些婚姻可能适合“AA制”呢?

有些人希望婚后保持一定程度的经济独立，需要有“属于自己的钱”，“AA制”更能让其有自主权；有些夫妻对如何花钱分歧很大，一方喜欢购买奢侈品，而另一方偏向节俭，“AA制”能在一定程度上减少冲突；有些人走进婚姻前经济上的负担比较重，比如需要负担上一段婚姻的子女抚养费，甚至支付前任生活费等，“AA制”能够让另一方不用承担伴侣过重的经济负担；有些人有高风险投资偏好，或者有一些不良嗜好，比如赌博，“AA制”能够保障另一方不遭受巨大财物损失；还有些人可能觉得，不向伴侣要钱更有尊严……总之，只要夫妻双方都认可这种方式，婚姻就可以采用“AA制”。但即便双方认可“AA制”，执行起来也并不容易，它需要遵守2个原则——财务透明和负担公平。

如何实行“AA 制”

◆ 财务透明

一段健康的婚姻需要夫妻双方对彼此有信任感。而信任感是通过很多小事建立起来的，其中一个重要的方面就是夫妻双方清楚对方的财务状况。

在财务透明这个基础上，“AA制”执行起来才不会增加双方的猜疑。

◆ 负担公平

家庭负担公平不是指金钱数额上的绝对公平，而是双方在内心感受上的公平。比如，丈夫每月工资1万元，妻子每月工资5千元，如果两人生活在一起后任何花费都是五五分，妻子可能就会感觉“不公平”。

何况婚姻中，夫妻的很多付出也难以用金钱量化。比如妻子承担了全部家务，而丈夫因为不用做家务才有了更多时间投入到工作中，使得他事业发展比妻子好，收入更高。丈夫事业上的成就有一部分归因于妻子的无偿付出，这部分如何用金钱衡量？如此，两人若还是严格平分生活开销，妻子的付出就被变相剥夺了。

所以，这里所说的公平，是双方对于“公平”的感觉，而不是数额上的公平。夫妻两人如果决定采用“AA制”，最好能够建立一个共同账户，定期向这个账户里存款以用于婚姻共同开销。

◆ 如何存款

两人要先大致确定一下婚姻生活中每月固定开销的金额，然后商量好彼此要承担的比例。如果两人收入差距比较大，则根据收入确定比例。比如，每月家庭固定开销5千元，丈夫每月收入1.2万元，妻子月收入8千元；丈夫就需要存入3千元，妻子存入2千元。这个比例也不是固定不变，而是要根据婚姻状态进行调整。如果妻子怀孕生产，或者需要花更多时间照顾孩子导致收入减少，两人就必须重新讨论家庭花销该如何负担；甚至在妻子因为生育没有收入的情况下，丈夫不仅要承担家庭全部开销，还需要额外给妻子一些钱，以便她应对日常开销。

网络上曾有个妻子发帖说：

“我跟老公从谈恋爱开始就是‘AA制’，比如看电影，他请一次，我请一次。这样计算是他提出的，理由是大家还在上学，花的都是父母的钱。我也同意了，当时以为他家条件比我家差，如此花钱也就算了。结婚后商量了很久，最终方案是建立一个家庭账户，每次里面钱用得差不多了，就按我们的工资比例往里面存钱，目前是他4我3。但年终奖没有算入比例，他年终奖很多，是我的10倍以上吧，他给的理由是我爸的工作比较有保障，而他要考虑他爸妈养老的问题。但实际上他爸妈自己存了上百万元，目前放他那里，由他负责理财。

"我们婚后'AA制'的事一直瞒着我爸妈，我估计他爸妈也不知道。结婚的时候家长给的礼金红包，都是私下还给对方的。现在，他提出想买房投资，他出30万，我出20万，让我找我爸要，因为当时结婚的嫁妆一直由我爸妈帮忙保管，当时也说好了在我需要时给我。晚上跟我爸说了，然后说漏嘴，我爸说搞不懂我们。我自己也想了想，我们这属于婚后财产独立吗？是我傻，还是过于计较了？我想知道，大家婚后都是怎么做的？婚后财产怎么才算不独立呢，每个月收入都转到一张共同的卡上吗？感觉好麻烦又有点儿不信任对方的意思……"

这位妻子发这个帖，可能并不完全是为了向大家寻求建议，而是她内心感到了"不公平"，至少是不舒服。两人虽然建立了家庭账户，但是这个账户没有以"公平"的方式存款，丈夫虽然每月存入较多，但是年终奖这部分收入没有计算进去。

◆ 共同投资和应对风险

"AA制"的婚姻还需要考虑两人如何共同投资以及建立风险基金的问题。帖子里的这位丈夫只考虑到了自己要给父母养老，却没有考虑为妻子的父母养老，这对妻子来说也是不公平的。一个家庭要持续，必须要有应对未来风险的能力，这个风险可能是有人失业，可能是重病等。夫妻如果采用“AA制”，也需要讨论如果发生这些意外谁来承担、承担多少。

“AA制”也并不是永远不变，需要根据婚姻状况变化，也许某个时期夫妻适合“AA制”，下一个阶段就不适合了。有位女士在网上说，她和老公结婚10年都是“AA制”，自己赚的钱自己花，哪怕吃顿饭，二人都是饭后马上算钱平分。后来两人事业慢慢有了起色，但是“AA制”的生活方式却“变本加厉”。平时，她吃了老公买的馒头，当天晚上老公就追着她要馒头钱。女方感叹，这还叫婚姻吗?

每个人的财务状况都很复杂，当两个人结婚以后，他们的生活用度在一定程度上是融合在一起的，如果两个人按照严格标准平均分担家庭花销，这样看似“公平”的方式最终会破坏两人的感情。

如何处理金钱永远都是婚姻中最大的难点之一，因为如何使用金钱反映了一个人的内心状态、反映了他的成长史，也反映了他的原生家庭。在某种程度上，金钱可以定义一个人。在决定是否选择“AA制”婚姻的时候，丈夫和妻子最好能够搞清楚彼此对于金钱的态度。

04 “我养你”是婚姻中最不可靠的情话

一桩因为“我养你”导致的离婚案

在众多离婚案件中，让法官最感慨的是，很多不具备经济能力的女性，在离婚时非常被动。

有这样一个案例。一个硕士学历的姑娘，毕业后在家做全职妈妈。7年之痒后，老公出轨起诉离婚，彼时她已35岁。用法官的话说：“这样的姑娘，我每周能见3个。”她们有个共同特点——都会像《喜剧之王》中的柳飘飘那样，被那句“我养你啊”感动得一塌糊涂。

然而，法庭上的情况是怎样的呢？男人说：“孩子归我。你没有钱，没有抚养能力。你没有房子，孩子没地方住。你没有城市户口，孩子上不了好学校……”面对咄咄逼人的“三无”诘问，姑娘低着头，红着眼说：“他当初说过他赚钱养家，让我不要工作的。”

有一件事，“家事”法官都懂：男人想要包养“小三”，最安全的办法就是把妻子“圈养”在家中，让她的生存能力像温水煮青蛙一样消失殆尽。她没钱、没话语权，请不起律师，最后连孩子的抚养权也争取不到。虽然这样的姑娘很可怜，但光同情是没有办法帮助她们走出困境的。

用法官的话说：“婚姻应该是做加法甚至乘法，而不是做减法。你创造了多少价值，法律替你保护。倘若你连生存能力都没有，法官也做不了你的超级英雄。”最后，姑娘哀求说：“我没有住的地方，不判离行不行？”法官可以帮她争取半年的时间，但如果她自己不反省这段关系，而是寄希望于对方继续“养”她，这次不判离，那6个月后呢？

即便做全职太太，也要保留养活自己的能力

对于女性来说，在工作和家庭之间做选择，比男性更难。曾有朋友问我：“孩子出生后那几年，母亲的陪伴不是很重要吗？”是很重要，甚至可能对孩子的人生有着重要影响。如果有这么重要的影响，一份工作真的值得妈妈用孩子的人生去冒险吗？

说实话，我不确定值不值得。但是没有收入的女性，确实更容易遭到来自丈夫以及家人的轻视。有一个做翻译工作的朋友对我说，她丈夫收入不错，但她还是要工作，因为“有收入”对于女人来说太重要了。

在生孩子之前，她一直在一家外贸企业工作。生完孩子之后，她考虑到家人没法帮她照顾孩子，就决定辞职，等到孩子大了再去找工作。有一年公公病了，由婆婆陪同来到她所在的城市治疗。婆婆来了一段时间，由于劳累也感冒了。她每天忙得不可开交，既要照顾孩子，又要照顾生病的公公婆婆。丈夫工作也很忙，基本没人能帮她分担这些事情。那段时间，

她感觉自己都要累趴下了。

一个周末的早上，她煲了一锅汤，叫丈夫给公公送去医院。丈夫当时正在看一部电影，赖着不肯走。她还在催丈夫，婆婆就从卧室气呼呼地走了出来，对他们说："我去！"等婆婆从医院回来后，她发现婆婆还是一脸愠怒。晚上丈夫和她"谈话"，说婆婆觉得她不仅在家"无所事事"，还对丈夫不好，丈夫周末休息一下还被指使"干活儿"；而且说她乱花钱，每天都在买东西，快递都快把门槛儿踏破了。听丈夫说完，她气得浑身发抖。她问丈夫："你觉得我在家里什么都不做吗？我买的东西有一件是买给自己的吗？"丈夫虽然沉默不语，但也没安慰她。她想，丈夫的这种态度，至少有一半是默认了婆婆的说法。

她找到朋友倾诉，朋友安慰完她，问了她一个问题："万一有一天，你和丈夫过不下去了，你敢离开他吗？"她一时语塞，想了想，还真不敢。她没有收入，离开丈夫，她都不知道靠什么活下去。这次谈话之后，她开始琢磨找点儿什么工作。她曾经做过外贸工作，知道有些外贸公司常常需要雇人做翻译。于是她开始联络之前的同事，找到一些翻译的工作在家里做。

这样工作了一段时间之后，她还接到了一些口译工作，收入越来越高，时间也很自由。当她开始有收入以后，她感觉自己和丈夫的关系不仅没有变差，似乎还越来越好——因为她感觉丈夫对她的态度越来越尊重了。

每次有朋友在"要不要辞职回家照顾孩子"这件事情上纠结的时候，我就会把这个朋友的故事告诉她们，然后建议：如果你的孩子需要你，你可以考虑辞职去陪伴孩子；但是人生无常，婚姻的走向也会出人意料，你要为自己保留能够离开伴侣的能力。

我可以依靠你，但也不怕离开你

记得之前曾看到一位律师给出的建议是，女人要学会独立，不管遇到什么事，都不要放弃自己的事业。我倒觉得没这么严苛，但是确实要在选择做全职太太前，尽可能完善地考虑如何保证自己的“挣钱能力”。

对于“挣钱能力”这个概念，很多人认为，“挣钱”就等于必须要去工作。但确实有人无法兼顾工作与育儿怎么办？比如，家里有两个小孩，或者家中老人没法帮忙照顾。“挣钱”并不必须要通过工作这一种方式来实现，如果你有房产，将房产出租，租金收入就是你挣到的钱；如果你会理财，知道如何投资理财产品，利息收入就是你挣到的钱。

我有一位朋友的办法也值得参考。她丈夫希望在两人35岁前生两个孩子，这也意味着她必须要全职在家带孩子。在第二个孩子出生前，她和丈夫计算了孩子每个月的大致花销、家庭花销，以及她自己的花销。丈夫每月必须要给她“发工资”，因为她的劳动本来就具有价值。两人在详细计算了未来如何分配收入以后，她才安心辞去了工作。孩子出生后1年，她还考取了在职研究生，最近二宝上幼儿园，她也准备重新进入职场了。

不管你现在有没有结婚，有没有和一个人在一起，都不要忘了提醒自己：永远保留离开一个人的能力。至少在面对这个人之时，你能够有底气地说：“我可以依靠你，但也不怕离开你。”

CHAPTER

7

家庭关系如何影响孩子的成长

身体出现了某种症状，往往不是出现症状的这个部位病了，而是整个身体出现了问题，只是在最弱的一个部位表现了出来。孩子往往是家里“最弱”的一环，家庭“病”了，孩子就容易出现问题。

01 做好 4 件小事，有效改善家庭关系

第一件事：统一就寝时间

美国《婚姻与家庭治疗杂志》曾刊登了一项研究。研究者发现，那些有着相似作息规律、差不多时间就寝的夫妇，他们之间的冲突更少，两人的深度沟通也更多。因为差不多时间就寝，两人的生物频率也会相近，他们更容易一起活动，两人的交集就会更多。而那些作息时间差异很大的夫妻，他们认真、深入的谈话机会较少，婚姻冲突就更多，甚至他们做爱的频率也比就寝时间差不多的夫妻低很多，两人更难相互适应。

婚姻的幸福度要靠每天一点一滴的小事累积，短时间内就寝时间存在差异给两人造成的问题可能不大，但每天两人作息时间错开几个小时，互动的机会就会减少一些，日积月累两人之间共同活动和交流的时间就会少很多。

如果家庭里有几个孩子，让他们有统一的作息时间也会更好。统一上

床睡觉时间，能够让孩子们养成差不多的健康习惯。

第二件事：一起阅读，并谈谈读过的书

有研究发现，虽然婴儿还不会说话，但是他们喜欢听父母给他们读书。那些从小听父母念书的孩子，更有可能培养出阅读的习惯。父母睡前给孩子读书，能够很好地促进亲子之间的关系。如果父母能够在睡前给孩子读一读书，那就再多做一步，和孩子聊聊这些读过的书。在这样的沟通过程中，父母能够更加了解自己的孩子，还能促进孩子理解能力的发展。

有研究发现，夫妻结婚之后，如果没有共同的社交圈，两人之间会越来越无话可说。一起追剧、看电影，会让他们找到不少话题，甚至能够在讨论剧情的时候进一步了解彼此。而阅读同一本书籍或同一篇文章，并且一起讨论，也能起到相似的效果。很多人喜欢分享自己读到的东西，并且也想知道别人的看法，因为人们会在潜意识中寻找精神上的“盟友”。夫妻若能够成为精神上的“盟友”，那还有什么能摧毁他们之间的关系?!

夫妻共同阅读还会达到一个效果，那就是他们会学习到差不多的东西。也许婚前因为各自成长经历的不同，两人会形成很多不同的观点，但是共同学习会让两人的观点越来越相似。观点相似的夫妻，婚姻会更和谐。

第三件事：建立家庭“专属节日”

你们的小家庭有没有设立专属于自己的节日？“专属节日”并不仅限于生日或者结婚纪念日，还可以是一个很平常的日子。比如，将每个月的某个周五定为家庭固定外出就餐日，那一天和家人去一家特别的餐厅吃饭；或者定为你们全家的“电影日”，一家人一起看一场电影。

专属于家庭的节日，往往是对家庭成员有意义的日子，这个日子会让家庭成员更有归属感。一个家庭拥有属于自己的“传统节日”，家人之间的感情会更加亲密。即使孩子长大成人，离开父母所在的家庭，这些专属于他原生家庭的美好记忆，仍然会继续影响他的生活方式。

第四件事：以家庭为单位，参与社会慈善活动

目前，有不少儿童教养家或者心理学者鼓励儿童和青少年多多参与到社会活动中，比如免费为社区服务、参加慈善活动，以塑造孩子的“亲社会行为”，让孩子从助人行为中体会到自己对社会的价值。

有一项调查发现，那些看见伴侣行善的人，会发现伴侣更加“迷人”，他们会从伴侣的善行中，进一步发现伴侣美好的品质，和伴侣共度余生的信念也会增强。

有一对夫妻，两人是在一所福利院做义工的时候认识的。很多年来，他们一直都坚持去那家福利院做义工。在孩子5岁的时候，两人也开始带

孩子一起去福利院。至今，这个“善举”一直保留在他们的家庭中。通过他们的介绍，还有两个家庭也开始带孩子去这个福利院做义工。还有一些家庭在资助贫困山区的儿童，他们的孩子还和这些贫困山区的孩子结成了好朋友。如果有这样的机会，建议以家庭为单位参与进去。

以上4个能够让家庭成员关系更加紧密的行为，前3个都是大家能够做到的，第四个可能需要有机遇才能做到。但每个都不难，一起就寝、一起读书并且讨论、建立家庭“专属节日”、以家庭为单位做善事，这些看起来很简单的事情，会随着时间的积累，成为改善家庭关系的“魔法”事件。

如果你想改善家庭成员间的关系，就从这些小事开始，并坚持下去吧。

02 用好“关键一秒钟”，家庭关系更亲密

与人交流的“艺术”

2年前，我认识了一位化妆品公司的女高管。见到她之前，我一直以为她是《欢乐颂》里安迪那样的人——美艳，高挑，凌厉。见面后，我大吃一惊。她长相普通，矮矮胖胖，皮肤还比较黑。她讲话的语气更让我吃惊。我原以为她是那种比较威严、口吻略冷淡的人；但实际上，她讲起话来非常温柔，笑容更是温暖。

我至今记得和她第一次见面的场景。很多第一次见面的人，虽然会露出笑容，但是笑容一般比较僵硬，肢体也会呈现自我保护的状态。有些人可能头会转向对方，但身体依然向着另一个方向。听说过她大名的人，心里多少会对她有些敬畏。但是见她第一眼，她就让我感觉仿佛见到了一位老朋友。她用表情、眼神、肢体语言传递出来的信息，就像一位认识很久的朋友将我轻轻拉到身边。

我们初次见面的局促感就这样消失了。后来和她熟悉之后，我和她聊

起第一次见她时的感受。她说："你和我老公说的话好像。"她老公很优秀，长得也很帅，结婚前被很多漂亮女孩子暗恋。她也没想到他会主动追求她。她问老公喜欢她什么，老公说："我第一次见你，就对你很有好感。"

老公仍然记得第一次见她时的场景，她正在看手机，他和她打招呼，她立即将手机反面扣在桌上，转身面向他，微笑，目光全然注视他。大家都是高管，随时随地都很忙，所以都习惯一边看着手机一边讲话。她是唯一会将手机反面扣在桌上，转身面向说话对象，并微笑聆听的人。当时，他就对她很有好感。她和老公结婚后感情也非常好，两人事业、家庭都配合得当。

其实，她的第一段婚姻很不幸。她出生在一个小城市，父亲早年出了一次车祸，终身需要人照顾。母亲挣钱养家，她又是家里的大姐，照顾父亲就成了她的责任。她很早就结了婚，但那段婚姻并不是因为爱情。前夫在她父亲住院时拿了2万元钱给她。那时她很年轻，没谈过恋爱，不知道什么是爱情，也不懂得分辨男人。因为这2万元钱，她就觉得这个男人对她很好。恋爱时，前夫"劣性"就表现得很明显，爱赌博、喜欢装门面，经常说得信誓旦旦，但大部分事情做不到。可她太需要有个人帮她了，以至于一厢情愿地认为，结了婚以后他就会改。

谈到父亲的离世，她面色凝重地说："我爸爸其实还应该再活几年，他是被我前夫气死的。我对不起爸爸。"婚后，前夫依然赌博，她和他吵架甚至打架都不管用。逼债的人找不到她前夫，就跑到她父母家闹。有一年春节，几个讨债的人去她家里，把所有的窗户都砸了，还把家里的棉被、衣服全部浇上水。夜晚的寒风灌进屋里，她和家人哭泣着拥抱在一起瑟瑟发抖……前夫呢？整个春节不知所踪。

后来，她和前夫离了婚。为了多挣点儿钱，她跑到外地打工。最初在一家美容院工作，一位女客户和她关系很好。这个客户是一家公司老板，给员工买了一些心理学课程，有一次课程刚好一个员工家里有事去不了，客户不想浪费名额，就邀请她去。在这堂课上，她学到了一个最重要的知识——潜意识如何传递信息。这堂课彻底改变了她与人交流的方式，也彻底改变了她的很多人际关系。

她接下来和我聊到的内容，和我知道的一个理论惊人地相似，我把它称为“关键一秒钟”理论。

利用“关键一秒钟”，实现有效沟通

很多人认为，人与人交流靠的是语言。这个想法没错，但人与人交流不仅靠语言。当我们和另一个人交流的时候，大脑还在处理其他很多信息——面部表情、肢体语言、语调，语音，甚至气味。这些信息大部分不是由意识层面处理，而是由潜意识在处理。

可是，你知道潜意识处理这些信息的速度有多快吗？人们在目光相接触的一秒钟内，就相互回答了4个问题，分别是：

- 你看见我了吗？
- 你关注到我的存在了吗？
- 我现在这个样子，对你来说够好吗？

● **当你看见我的时候，我对你来说特别吗？**

这4个问题全是在“无声”中回答的。如果每个问题回答的都是“是”，对方也解读到了，交流中的两个人立即就会建立良好的连接。

我们每天都在和很多人说话，但并没有“真正”地沟通。为什么这么说呢？不是因为说话的内容不好，而是因为沟通方式无效。很多人在沟通时都会犯一个错误——心不在焉，但人们潜意识对“心不在焉”非常敏感。

曾有一个妻子向我抱怨，丈夫在和她讲话时常常盯着手机。她很愤怒，她对丈夫说：“你和我说话时能不能不看手机？”丈夫却说：“我都听到了呀！我看手机并没影响我和你说什么！”她不知道怎么反驳，甚至不知道是不是自己有问题。她当然没问题。丈夫虽然在和她对话，但潜意识层面一直在对她说“不”。她的潜意识一直在接收被拒绝的信息，能不愤怒吗？

夫妻之间每天要交流很多次。如果每次都能在交流第一秒，就用非语言信息肯定地回答这4个问题，夫妻关系就会有所改善。

除了夫妻关系，亲子关系也存在这个问题。很多父母和孩子说话的时候，人在，心不在。记得有一次在超市，一位妈妈正在挑菜，女儿一直拽着她的衣角讲话。这个妈妈时不时回答：“哦，好啊，嗯嗯。”但女孩说话声音越来越大，最后对妈妈嚷道：“妈妈，你听我说嘛！”她妈妈说：“我一直在听啊，你没听见我一直都有答话吗？”虽然妈妈听到了，也在回答，但妈妈没有和孩子进行“有效沟通”。所以女孩会不断提醒妈妈“听我说”，并且声音越提越高，企图用音量吸引妈妈的关注。这个妈妈可以先暂停挑菜，蹲下身来认真地告诉女儿：“妈妈现在要选一下菜，回家才能做出好吃的。妈妈选完就和你讲话好吗？”

把握住这一秒钟其实并不难。当你准备开口和一个人说话前，先给自己留一秒钟。全神贯注与这个人同在：你看见他了吗，你关注到他的存在了吗，他现在这个样子对你来说够好吗，他对你来说特别吗？别担心问题多，你的潜意识会快速回答出这4个问题。你的回答会由你的眼神、表情、身体姿势表达出来。不过，任何一个行为变得熟练都需要刻意练习多次，你可以现在就试试。

03 如何避免“丧偶式育儿”

双胞胎姐妹迥然不同的婚后生活

我认识一对双胞胎姐妹，这姐妹俩除了长得像以外，选择男友的标准也差不多，而且两人的男友彼此也是多年好友。

姐姐和丈夫在国内工作，妹妹的丈夫毕业后到美国读博士，所以妹妹和妹夫就去了美国。姐妹两人生孩子的时间只相差不到1年。生完孩子后，姐姐的日子过得明显比妹妹好很多，因为在国内有双方父母帮忙照顾孩子。姐姐的丈夫工作比较忙，有这么多人帮忙照顾孩子、料理家务，他下班回家后基本不用干家里的活儿。妹妹两口子就比较“惨”，美国请保姆很贵，妹妹生完孩子后就自己在家带孩子，一般是白天由她照顾孩子，晚上由丈夫照顾。

几年后，妹妹带着孩子回国小住。某天姐妹俩正聊天，妹妹的丈夫打来电话，说想孩子想到睡不着，要和孩子视频。妹夫和孩子咿咿呀呀聊了半天，说再见的时候竟然哭了，还一直对孩子说：“Daddy miss you and mommy（爸爸想你和妈妈）。”

看到妹夫的反应，姐姐颇为震惊，直呼妹夫性格大变，记忆中妹夫并不是这么多愁善感的人。妹妹讲道，丈夫很爱孩子，有了孩子后渐渐变成了“孩子奴”。他们母子回国后，丈夫每天都要和他们视频，还缠着她讲孩子每天是怎么过的。听完妹妹这么说，姐姐深深叹了口气，说：“没有比较就没有伤害啊！”经过对比，她觉得自己的老公是个“冷冰冰”的男人，不爱孩子，对家庭不负责任，感觉自己成了“丧偶式育儿”大军中的一员。

原来，姐姐白天要上班，晚上还得带孩子，家务活儿几乎也由她全包了。丈夫从来不主动做家务，回家就玩电脑或者看手机。如果她让丈夫帮忙分担家务，丈夫也会做，但是做得一塌糊涂。丈夫也陪孩子玩儿，但是孩子和他不亲，总缠着妈妈。丈夫出差时，可以好几天都不给家里打电话，好像他心里根本就不想孩子，也不想家。姐姐不明白，原本自己丈夫和妹夫性格挺相似，怎么现在一个不负责任、一个那么爱孩子呢？

原因很简单，姐姐一家人错过了身份转换关键期。

丈夫身份转变与家庭幸福的关系

有研究显示，在孩子出生第一年里，大概有67%的女性对婚姻的满意度会急剧下降。虽然导致女性不满的原因各种各样，但是最根本的原因只有一个——妻子感觉自己已经是一个“妈妈”了，而丈夫似乎根本不像“爸爸”。

丈夫越晚承担父职，他和孩子的亲密度建立得就越慢，甚至在孩子出生头几年，丈夫可能都感觉不到自己和孩子有多亲密，当孩子渐渐长大能够和他们互动的时候，父亲和孩子之间的关系才开始成长。遗憾的是，如果父亲要等到孩子出生几年后才开始和孩子发展父子之情，他在一定程度上已经脱离了家庭，也和妻子有了不小的距离。他会感觉和妻子之间的感情越来越淡——妻子的世界已经被孩子填满，而他不是这个世界中的一部分。如果妻子还冷落他、指责他，他也会对自己的婚姻感到失望。

虽然67%的女性在孩子出生后对婚姻关系表示不满，但仍有33%的女性对婚姻关系表示满意，甚至有人说感觉自己的婚姻从没像有了孩子之后那么好。这些幸福家庭的秘诀是什么？可能只有一个，就是丈夫尽快赶上妻子身份变化的步伐，快速承担起“父亲”的责任。这个身份转变的关键期，就在孩子刚出生那几年，尤其是孩子出生后的第一年。

2014年一篇发表在《美国科学院院报》的脑科学研究报告也证实了这种身份转变对男性的影响。报告指出，在照顾孩子的过程中，父亲的大脑会发生变化。在亲自照顾孩子的过程中，无论是男性还是女性，大脑中的“哺育网络”都会被激活，这个网络被激活的人会显示出“母性”。这意味着，“母性”并非女性独有。有趣的是，当孩子的母亲在周围的时候，父亲的这个“母性”网络似乎就关闭了。研究者称，丈夫大脑回路的活跃程度与其和孩子相处时间成正比，和孩子在一起的时间越长，其活跃程度越高。

如何让丈夫在关键期内快速转变成“父亲”

第一，如果你们正在计划要孩子，妻子和丈夫就要提前建立“父母团队”，最好提前同步。

第二，别把丈夫剔除出抚养孩子的团队。

妻子可能在孩子出生之前就已经开始了解育儿知识，当孩子出生后，妻子已经像个“专家”，而丈夫还是“门外汉”。当妻子看见丈夫“不达标”的照顾行为时，会忍不住指责和命令丈夫，然后自己接过照顾孩子的任务。如果看见丈夫做得不好的地方，妻子可以温和地给予建议，指责只会让丈夫更不自信，更加不愿参与到抚养孩子的任务中。

第三，给丈夫一些时间单独照顾孩子。这样做不仅是让丈夫学习如何照顾孩子，增进亲子关系，也给妻子一些休息时间。

第四，如果有人帮忙照顾孩子，夫妻要利用这段时间单独相处。可以通过约会、聊天等方式继续维持两方的情感纽带，夫妻之间不是只有一个孩子做纽带。

如果夫妻二人已经错过了这个关键期怎么办？首先，妻子要放弃时时刻刻当抚养孩子的“权威”身份，至少划分一部分照顾孩子的责任给丈夫。多给丈夫提照顾孩子的建议，多和丈夫聊聊孩子的喜好、性格，少去指责丈夫。其次，给丈夫和孩子制造单独相处的机会，妻子不要参与其中。最后，让丈夫和孩子学会拥抱彼此。如果孩子还小，可以让丈夫多抱抱孩子。疏远的父子或者父女，往往也缺少身体上的接触，而肢体接触是打开情感的重要开关。

如果不转变丈夫的身份，丈夫只会离妻儿越来越远，而妻子只会越来越累。转变的过程需要耐心，而转变的效果将会令一个家庭受益巨大。

04 母亲有喘息的空间，才能培养出人格健全的孩子

2岁多的抑郁症患者

朋友在国外进修时，见过年龄最小的抑郁症患者，是个2岁多的女孩。这个孩子情绪很不稳定，睡眠质量很差；她也不太喜欢和别人有肢体接触，有时妈妈抱她，她会拳打脚踢；家人逗她玩儿，她有时一脸漠然；陌生人和她打招呼，她大多数时候都会转过脸。

父母最初发现她不怎么吃东西，担心她是不是生病了，然后带她看了医生。医生了解了孩子的生活情况，担心这个孩子有些心理方面的问题，最后经过儿童心理专家确认，这个孩子确实陷入了抑郁状态。

孩子的母亲也是一名抑郁症患者。母亲是意外怀孕，父亲更是完全没准备好要小孩。孩子出生后，他不太愿意照顾孩子。孩子母亲一直觉得自己不该怀上这个小孩，加上孩子出生以后琐事繁多，她很快陷入了极度疲劳和抑郁的状态。母亲完全不能应对照顾孩子的压力，常和丈夫抱怨没有

时间做自己想做的事，每晚休息不好，身心疲倦。但丈夫讽刺她对孩子反应过度。两人时常争吵，孩子母亲情绪状况变得更差了。

母亲很少对孩子笑，也不太哄孩子，大部分时间她都处于悲伤、焦虑和愤怒的情绪中，也不怎么教孩子说话。当她想要尝试拥抱孩子的时候，孩子反应冷漠或抗拒。每次出现这种情况，母亲就感到更内疚、更无助，抑郁的情况也更严重。这个孩子身体发育也比同龄人慢一些，大多数有心理和情绪症状的幼儿，都会出现发育迟缓、易怒、睡眠饮食不规律等问题。

如果这对母女的抑郁症不好转，未来她们之间的亲子关系将进一步恶化，母亲对孩子看法会很消极，孩子对父母会更加有敌意，他们之间将难以建立起很好的情感连接。

身心疲惫的母亲无法养出人格健全的孩子

母亲的情绪，对一个孩子早期的心理、人格发育很重要。但是照顾好一个孩子，尤其是幼儿，对一个母亲来说其实是一件压力巨大的事情。除了产后抑郁症可能会给女性带来情绪上的影响，慢性疲劳综合征也会严重影响母亲照顾孩子的能力。

如果一个母亲总是处于抚养孩子的压力中，她们很难有好的情绪，情绪会直接反映在一个人的面部，心情烦躁、抑郁的母亲，很难出现温和的笑容。婴儿会识别成年人的面部表情，一个眉头紧皱的母亲很难让孩子放松地与她相处。而一个疲倦、烦躁的母亲，还会通过语言影响到孩子。一且母亲心烦气躁，很容易对孩子说出“不行！”“你必须……”等命令、禁止的话语，很难耐心地等待孩子按照自己的节奏完成一件事，也不会向孩子解释为什么不能做某件事。

这样的结果只会让孩子觉得母亲越来越可怕，亲子关系只会变得更加紧张，甚至疏远。不仅如此，当母亲持续承受巨大的压力时，她会不断催促孩子“快一点儿”，在时间压力下，孩子做错的可能性会很大，这么一来，孩子的失败经验只会越来越多。

一个疲惫不堪的母亲，很难耐心听完孩子的讲话，没精力去分析孩子真实的内心，可能随口就会说出“以后再说”“你别再无理取闹”“不要烦我”等否定的话语。也许一两句这样的话不会对孩子造成什么样的影响，但是一个孩子如果长期生活在母亲否定的话语中，他的自尊心会受到较大的损害。

但是，这些结果并不是母亲的错。一个人如果连自己都无法照顾好，怎么能照顾好别人？许多母亲既要带小孩，又要做家事，还要承受来自周遭的压力，早已精疲力竭，她如何能够对别人有耐心，如何保持好心情？

父亲协助育儿，才能分担母亲的压力

若要母亲能够笑眯眯的、用开朗的态度对待孩子，父亲的协助不可或缺。一个抚养孩子累到无法喘息的母亲，是没有办法培养出一个人格健全的孩子的。假如丈夫不能体谅和协助妻子，孩子的教养便无法顺利进行。

从出生到6个月大这段时间，是孩子和母亲的关键分离期。在这个时期，孩子会渐渐发现，自己和母亲并不是一体的，他们需要和母亲分离，形成一个最初的“自我”。但是孩子要构建这个自我，首先需要感觉外界环境是安全的，他们的需求要在离开母亲的世界里都能被满足，他们才能与这个世界形成一个安全、信任的关系。而要让孩子获得这种感觉，母亲就要在这段时间以几乎“丧失自我”般的方式付出——孩子饿了，就要立即满足他们进食的需要；孩子困了，就要立即安抚他们睡觉；甚至孩子身上不舒服，痛了、痒了，都要母亲去猜测孩子的需求，然后立即帮他们解决……

当母亲做到了这些事，大概6个月以后，孩子就能渐渐适应这个世界，他们的睡眠规律、饮食习惯都会形成；他们能够和母亲发展出一种安全的依恋关系，对这个世界有基本的信任。但是，母亲在这6个月内需要无条件地满足孩子的需求，那她的生活需要又该如何满足呢？她必须要有人协助，这个人最好是孩子的爸爸。

我知道在中国式的家庭中，会有老人或者保姆来照顾新手妈妈，这本来没有问题，但是即便有人来照顾新手妈妈和刚出生的孩子，孩子的父亲也必须参与到照顾中来。

当女性在怀孕的时候，她的大脑和身体就已经开始变化。等孩子出生时，她已经完全做好了当妈妈的准备，她会迅速投入到“母亲”这个角色中，不只是在心理层面做好了准备，她甚至能够在生理层面和孩子同步。但是男性不行，他们即便感觉自己做好了足够的思想准备去迎接一个孩子，其充足性也无法和妻子相比。这就需要男性在“后天”补足，也就是通过亲自参与到对婴儿的照顾中来实现“父亲”这个身份的转变。

有些家庭可能比较特殊，比如丈夫的工作决定了他无法照顾妻子，这种情况下只能退而求其次，请人来分担女性育儿的一些压力，至少让妻子能够有一些可以放松、获得休息的时间，让照顾孩子的妻子有时间喘口气。

05 如何把男孩养育成未来的“好丈夫”

一次无解的夫妻争执

丈夫问妻子：“你到底在生什么气啊？”妻子说：“你刚才那样说我，我觉得很委屈。”丈夫一脸茫然，说：“有什么好委屈的？”妻子又说：“我做了这么多，你还这样说我，难道我不该委屈吗？”丈夫说：“你怎么这么小气啊？不就是说了你几句吗？”妻子更怒了：“我怎么就小气了？被人冤枉了我就该受着？”丈夫不耐烦了，说：“你发什么脾气啊？你这还不是小气？”当妻子向丈夫解释自己为什么生气的时候，丈夫无法理解妻子的情绪。而当妻子解释自己情绪产生的原因时，丈夫却指责妻子“小气”，因为他觉得妻子不应该有这种“情绪”。丈夫的指责使得两人之间的矛盾更加激化。

为何很多男人没办法“体谅”女人的情绪呢？最可能的原因是，男人从小接收到的是不利于他们学习“情绪”的“男子汉教育”。

男孩在情绪方面有太多“禁止令”了。比如，“你应该勇敢，不应该感到害怕。”“你应该像个男人，不应该处处计较。”“哭什么哭，男儿有泪不轻弹。”“男人就应该表现得酷一点儿。”……

在不少男性心中，有些情绪是不应该出现的。如果出现了，就该被压抑。一个经常压抑自己情绪的人，如何去理解、体谅别人的情绪？连理解和体谅都做不到，如何安抚别人的情绪？压抑情绪的教育更容易让男孩长大后成为“直男”，而不是“暖男”。

男性对情绪的迟钝，如何影响婚姻质量

一位婚姻心理治疗师分享过他学生的故事。他有两位学生，是一对夫妻。这对夫妻结婚已经有20年了。这20年中，他们都为家庭付出了很多——两人努力平衡各自的事业，抚养孩子，解决家庭财务问题，处理各种关系。你可能觉得，这样一对夫妻应该是非常了解彼此吧，但事实却刚好相反。妻子这么描述对婚姻的感觉：在我们结婚这20年里，我们好像一直在说着不同的语言。

如果一个长期和你生活在一起的人，一直听不懂你在说什么，那么说到最后你们两个人都只有朝着对方大吼，以便让对方更加注意到你。“有时，我朝他大吼大叫，只是希望某一天他能奇迹般地理解我在说什么。这么多年下来，我们说话时嗓门越来越大。”

当一个人无法体谅对方情绪的时候，他们之间说再多话，也不是在“沟通”，而是在自说自话。讽刺的是，男性并非先天对情绪不敏感，他们是在后天被“训练”得不敏感。美国儿童心理学家爱德华·特朗尼克多

年来专注于研究母婴互动，他与同事们发现，在情感方面，男孩其实比女孩更敏感。

同样，美国人类生物学家朱迪·朱通过对4岁和5岁的男孩进行为期2年的研究，发现他们在理解他人情感以及发展友谊的时候，和同龄的女孩一样敏锐。但是当男孩到了一年级（有些可能更早），他们更愿意表现出“沉默”“坚韧”的行为，与朋友保持更大的情感距离。

美国埃默里大学的一项研究也发现，相比于儿子，父亲对女儿笑得更多，表现出来的悲伤情绪也更多；和女儿讲话时会用更多“分析性”的语言，对儿子则会用到更多“成就性”的语言，比如“获胜”“骄傲”。

所以，男孩并不是天生就对情绪不敏感，而是后天的教育让他们渐渐学会了压抑情绪，他们觉得情绪不重要，成就更重要。他们也为此付出了代价——渐渐失去了感知情绪的敏锐性。进入婚姻的时候，很多男性会因为难以回应妻子的情绪而遇到很多麻烦。

如何让男孩成长为能够给到妻子“情感支持”的男人

在养育男孩的时候，父母要允许男孩体验自己的所有情绪，不对孩子的情绪做出评价。这样是在给男孩传递一个信息——情绪本身没有对错之分，你不用为自己出现了某种情绪而感到羞愧、害怕，更没有必要否认自己出现的这些情绪。

当父母发现孩子有情绪的时候，不要阻止他们的情绪体验，而应该帮助他们去了解自己的情绪。父母可以帮助孩子说出他的感受，让他明白自己在经历什么样的情绪。父母可以说：“我知道你生气是因为输了，觉得很沮丧。”或者，“你现在很生气，我猜是因为爸爸不带你去玩儿，你觉得很失望。”“我看得出来你在生气，能告诉我发生什么事情了吗？”

父母的这些话语不仅是在安抚孩子，也是在教孩子如何安抚别人的情绪。一个从小就学习“情绪”的男孩，更容易成长为一个高情商的男人。当他进入婚姻以后，他会更敏锐地觉察到妻子的情绪，也会更善于给予妻子情感上的支持。一段在情绪上能够相互理解和支持的婚姻，当然能够更幸福。

06 太贴心的孩子，其实是父母的“小老公”“小老婆”

“慈母孝子”成了阻挠婚姻的“凶手”

朋友结婚了，但她的结婚对象是自己的前夫，两人离婚已经10年。离婚后，她没有再结婚，甚至恋爱都没再谈过。她说，因为再也没遇见过比前夫对自己更好的男人。

这么好的男人，当初为什么要离婚呢？因为男人的母亲。男人的生父有暴力倾向，经常打老婆、打孩子，母亲忍无可忍和父亲离婚。离婚后，母子俩相依为命。母亲没有工作，只能半夜推着小车在街边卖麻辣烫，主要客户是那些开夜车的司机和玩儿通宵的人。母亲经营这个小生意不仅辛苦，还会被一些粗鲁食客无端辱骂，甚至偶尔还会遭受某些无良司机或者醉汉的骚扰。男人从小就看到母亲受了委屈会独自在角落抹眼泪，他心里暗暗发誓，长大后要好好保护母亲。

别的孩子都还在学画画、音乐的时候，他却想去学跆拳道。他在还是孩子的时候，就非常体贴母亲，他知道母亲抚养自己太不容易了，对母亲说的话言听计从。他遇见我的这位朋友，是在工作后的一个函授班上，她是他的老师。那年她刚毕业，去这所学校工作。男人长得非常帅气，她也长得清秀，两人几乎是一见钟情。恋爱后，男人对她非常好，非常体贴。结婚前，朋友还感叹说：“从来没见过一个男人会如此细腻。”男人将自己的“暖男”特质归功于母亲，他曾开玩笑地说：“我从小就要照顾妈妈的感受，当然了解你们女人在想什么。”

两人结婚时，男人的母亲倾尽所有存款，给两人凑钱买了一套房子，唯一的要求是和他们一起住。朋友一开始挺犹豫，但男人对她保证：“只要你肯对我妈好，要我怎么样都可以。”朋友同意了。但幸福生活还没展开，她就发现婆婆有些行为很奇怪……

首先是不许他们关卧室门睡觉。两人是新婚夫妇，不关卧室门睡觉，朋友觉得有诸多不便。因为这件事，她和老公发过很多次脾气。后来老公才告诉她，婚前母亲常和自己睡在一张床上，所以母亲根本不习惯一个人睡！婆婆晚上常做噩梦，有时梦见被前夫打，有时梦见被人砸小摊儿。只有儿子睡在旁边，她才感觉安心。所以，她一直都和儿子睡一张床，床中间挂了一张帘布，儿子睡里面，她睡外面。朋友知道这件事以后，心里不舒服了很久。

渐渐地，她和婆婆的矛盾越来越多。比如，婆婆一直坚持自己给儿子买衣服，而她给老公买的衣服，婆婆就会说“好难看”，甚至不许儿子穿。婆婆每晚一定要拖着儿子陪自己看电视，小两口儿回家后都没有独处的时间。周末，两人要一起出去玩儿，出门没多久，婆婆就开始打电话催儿子回来。两人如果在外面吃饭，婆婆就会给儿子打电话，说自己辛辛苦苦做了一桌子菜没人吃……朋友和婆婆生活起来越来越累。最累的是，老公几乎无条件地迁就婆婆的各种行为。老公常对她说："我妈为我吃了很多苦，你体谅一下她的心情吧！你让她这一次，我一定会加倍对你好。"男人对她是真的很好，所以她虽然有很多不满，也忍了下来。

后来朋友怀孕了，她觉得宝宝出生后，一家四口人住在这套房子里有点儿挤。于是，她想在小区里再买套房，既能分开生活，又能经常去看望婆婆。婆婆知道后坚决不同意，说只要活着一天，就要和儿子一起住一天。朋友气坏了，第一次当面和婆婆吵起来。见两人吵架，男人一开始还劝，后来就开始袒护母亲，指责妻子对自己母亲不尊重。最后男人居然说："要离婚就离婚，想把我妈赶走，门儿都没有。"

朋友气得跑回了娘家，哭了好几天，其间男人连一个电话、一条信息都没有。不知道是不是因为太生气、太伤心，朋友流产了。男人知道以后赶到医院，跪到朋友面前扇自己耳光，原本只想让她回娘家消消气，自己也好劝劝母亲，说没想到后果会这么严重。

孩子没有了，朋友伤心欲绝，无论家人怎么劝，都坚决要离婚。离婚之后，两人几乎再没联系过。后来听人说，男人结了婚又离婚，好像也是因为婆媳矛盾太严重。2年前，男人的母亲突发脑溢血去世，男人现在独身一人。多年后，两人再相见，仍觉得彼此是最适合的人，就复婚了。可有一个遗憾，朋友流产过一次，身体不好，加上岁数也比较大，再也无法生育……

不要让孩子成为父母的情绪伴侣

上述案例中男人的母亲无疑是个慈母，而男人也是个孝子。但是“慈母孝子”在心理上却很可能形成一种不健康的连接——孩子成了母亲的情绪伴侣。男人的母亲如果没去世，他的婚姻会不断出现类似的失败，和谁结婚都是如此。因为他在情绪上已经有了一个伴侣——他的母亲。母亲只要不“退出”，他只要在情感上靠近妻子，母亲就会觉得不安；若他在情感上靠近母亲，妻子就会感到“背叛”。母亲去世后，他才真正成为“单身”了。

当然，这种现象并不只是在儿子和母亲身上出现，孩子和父母任何一方都可能出现这种情况。女孩也可能成为妈妈的“小老公”，男孩也可能成为爸爸的“小老婆”。这种现象甚至会对孩子的性别认同造成影响，导致女孩失去女性的温柔，而男孩失去男性的阳刚。

在夫妻关系不好的家庭中，更容易出现这种情况。夫妻中的一方很容易和孩子形成一个“小团体”，在孩子面前诉说自己的委屈，指责伴侣的不好。有些人在遭遇生活挫折的时候，比较容易退化到孩童状态。其实这种退化本身并没错，它是人类心理的一种保护机制。但他们寻求帮助的对象可能会出错——很多人会向自己的孩子寻求情绪支持。

孩子的心思非常细腻，总是能敏锐地察觉父母的心情好坏，而且会努力想要满足父母的需要。孩子当然会成为一个不错的支持者，因为他们爱自己的父母，本能地希望自己可以帮助父母舒缓困扰、痛苦，承担一部分父母的责任，甚至成为父母的保护者。但他们的心智又不够成熟，无法区分自己该分享多少父母的情绪，不知道自己“关心”父母的界限在哪里。如果父母只会向孩子一味索取情绪支持，孩子就会承担帮父母疏解情绪的角色，也就是成为父母的情绪伴侣。

此时，父母和孩子的角色就颠倒了。孩子像成年人一样照顾父母的情绪，父母像孩子一样索取关怀。这样的孩子，他们除了会承担父母的情绪，成年后往往也容易承担别人的情绪。好的方面是，他们会成为特别会关心人、特别细腻，也特别懂得付出的人。但不好的方面是，他们往往缺乏界限感，可能会过度讨好别人，忽视自己的需要，常常会有委屈的感觉，也常常会抱怨。

这样的孩子内心也非常自卑。因为他们虽然总想照顾好父母的情绪，让父母开心，但是父母不开心的根源并不是孩子，所以孩子做得再多，也不可能达到让父母真正开心的目的。当你倾尽全力去让别人开心，可到头来，对方还是很痛苦，你会有什么感觉？一定会感觉很受挫，感觉自己无能。从小总是感觉自己无能的孩子，长大后很难有自信心。

如果你不希望孩子成为你情绪上的“小老公”或者“小老婆”，就请将成年人的问题留给成年人自己去解决。夫妻关系的问题，夫妻自己去解决，可以走进婚姻咨询，去上婚姻课程，也可以自己通过阅读去学习。总之，不要将婚姻的痛苦过多地展现在孩子面前。

如果你是父母的情绪伴侣，父母再向你进行情绪“勒索”的时候，你可以对他说：“我已经照顾你很多年，我觉得很累，我需要照顾一下自己的感受了。你可能会感觉我不如过去听话，但其实我对你的爱一点儿都没变。”

07 修复和孩子的关系，其实很简单

原谅，能疗愈内心的创伤

一位父亲某天加班到很晚，拖着疲惫的身体回到家的时候，儿子跑到他面前问：“爸爸，我可以问你一个问题吗？”父亲说：“你问吧。”儿子说：“你一个小时挣多少钱？”“这和你有什么关系？”父亲有点儿不高兴了。儿子恳求道：“告诉我嘛，求你了。”父亲想了想说：“大概100元吧。”儿子似乎有点儿沮丧，独自回到了房间。

过了一会儿，儿子又来到父亲身边，问道：“爸爸，你能借我50元钱吗？”父亲正在烦恼工作上的一件事情，听儿子这么说更恼了，对他没好气地说：“你又想买什么玩具吗？给你买的玩具还少吗？爸爸每天很辛苦地工作，你也要体谅一下，不能什么东西想买就买！”儿子一言不发，悻悻地离开了。

快要睡觉的时候，父亲想起自己对孩子发脾气的事情，觉得有些懊悔。他走到孩子房间，看见儿子还没睡，于是对儿子说：“对不起，爸爸刚才心情不好，对你发脾气了。可是你为什么向我要钱呢？”儿子从枕头下拿出50元钱递到爸爸手中，说：“爸爸，我能先欠你50元钱吗？”

父亲看着手中的钱有点儿莫名其妙，于是问儿子：“你要这么多钱做什么？”儿子说：“我想把这100元钱给你，看看你明天晚上能不能早回来一个小时，陪我画画。”听完儿子的话，父亲温柔地将孩子揽在怀中，说：“真对不起，我明天一定早点儿回来。”

有很多人会被故事中小男孩淳朴的愿望感动，但是我却觉得故事中的爸爸更值得称赞。虽然他误会了孩子，但他会在冷静下来之后对孩子说“对不起”。正是这三个字，才让他有机会了解孩子真实的想法，最终修复了和孩子的关系，拉近父子间的距离。

难以控制情绪、向孩子发了脾气，甚至打骂孩子，是父母都可能会犯的错误，但是这个错误并不是不可弥补的。担心自己会情绪失控的父母要记住一句话：原谅，会有效疗愈内心的创伤。如果你担心自己因情绪失控会给孩子留下什么创伤，当孩子“原谅”你的时候，这些创伤就能很有效地被疗愈。所以，不能成为不发脾气的父母，至少也要做能够说“对不起”的父母。

道歉不会损害父母的权威，反而是在做榜样

现在，随着科学育儿理念的普及，很多父母对孩子的教育问题已经非常重视了，很多人甚至都会了解一些儿童心理学知识。但是他们依旧会在和孩子对峙的情况下，很难道歉并说出“对不起”三个字。他们总感觉这

样做会损害自己作为父母的权威。

◆ 家长的威信是如何建立的

在一个家庭里，家长的威信不是因为他做事一贯正确而建立起来的，而是通过他能够实事求是、严于律己，才能真正在孩子心里建立起权威。

有个朋友，前几个月刚换了新公司，新工作千头万绪，比她预想的困难得多。换工作前，她答应过女儿去迪士尼，现在接手了这个工作，去迪士尼变得遥遥无期。有一天晚上，女儿又开始嚷嚷着要去迪士尼。但她当晚的工作电话此起彼伏，孩子在一旁闹得她头疼。女儿还不停说着“你答应过的，你答应过的”，这句话让朋友火大得不行。结果就是她打了女儿一顿，女儿大哭一场。

朋友发现，之后几天女儿虽然没有再要求去迪士尼，但是情绪确实不太好。她冷静下来之后也有些内疚，给孩子买了两个她之前想要的礼物，但是孩子似乎都不感兴趣。她问我该怎么办。我说：“打了孩子以后，你向孩子说了‘对不起’没有？”她说：“为什么要说‘对不起’？我是她妈妈，总不能给她道歉吧？”我说：“最初，你答应了她去迪士尼，虽然因为工作太忙去不了，但是你的原因导致孩子没去成，她已经很失望了。她并不是无缘无故地吵闹，而是在表达自己失望的情绪。如果别人食言于你，想必你也会有情绪吧？孩子因为自己表达情绪还被打了一顿，难道她不应该收到一个道歉吗？”朋友说：“我要是向她道歉，那我以后就管不了她了。”我对朋友说：“你根本不用担心这个问题。反而是你错过了通过道歉修复关系的机会，她以后才真的有可能不再听你的建议和教导了。因为在她眼中，你会慢慢变成一个不能理解她而且很蛮横的家长，她会越来越不愿意和你谈心。渐渐地，你对她的影响就会越来越小。”

朋友半信半疑，晚上回家就向女儿道歉，对女儿说自己那天不应该打她。女儿听完她的道歉，眼泪一下子就涌了出来。她说，看见女儿的眼泪，她才突然明白，孩子已经委屈了很久。

◆ 父母要学会修复亲子关系

孩子犯错误的时候，父母会要求孩子认错，但父母也会犯错。当父母能够为自己“犯错”向孩子认错，并且道歉，不仅不会损害自己的威信，还能增加他们在孩子心中的信任度。父母在为自己的错误向孩子道歉的时候，也是在给孩子树立榜样：当认识到自己的错误给别人造成伤害的时候，我们该怎么做。

每个人都有可能在情绪失控的时候说出伤人的话，或者做出伤人的举动，也会在平静之后感到后悔。但并不是很多人都知道如何去修复被自己伤害的关系。一个会反思自己行为、能够说“对不起”的孩子，会更受他人欢迎，也会有更多的朋友。其实，父母对孩子说“对不起”三个字越没有障碍，他们和孩子的关系反而越融洽。因为父母会在真诚道歉的过程中学会管理自己的情绪，并且越来越理解孩子，亲子之间的相互体谅也会越来越多。孩子感觉到自己能够被父母尊重，反而更愿意接受父母的教导。

08 家庭“病”了，孩子才容易出现问题

家庭“病了”，会反映在孩子身上

一个朋友从事的是家庭治疗工作。有一年，他去一所学校做讲座，接触到的一个家庭，让他记忆深刻。

学校的一位老师告诉他，班上有个男孩平时成绩还不错，但很喜欢挑衅同学，时不时还会以身体不好请假不上课，偶尔还会偷同学一些小东西。他父母多次被请到学校，每次态度都很好，孩子认错态度也非常好，会向同学道歉、向老师保证，甚至还会悔恨哭泣。一般请了家长后，这个孩子就会好上一段时间，行为规矩，成绩也会提高。但过一段时间后，这个孩子就又会“出问题”。

有一天，男孩突然离家出走了，父母一起找了他一个多星期才找到。原来，他去外地一个朋友那里玩儿，直到没钱了，才给父母打电话。因为旷课时间太长，学校要处罚他，但是孩子父母不断向老师求情，男孩也“深刻”认识到自己的错误，保证会好好读书。老师决定再给他一次

机会。

然而，就在这个过程中，老师了解到一件事——这个男孩旷课时，他父母正在办理离婚手续，因为孩子突然失踪，两人只好暂时“终止”离婚。老师还了解到，男孩的爸爸有家暴行为，每次夫妻吵架他都会抓着妻子扇耳光，有几次把妻子的脸都扇肿了，妻子好几天都不敢上班。

刚好我的朋友在这个学校做讲座，老师建议孩子父母去找他做咨询。咨询中朋友发现，丈夫心里还是很爱妻子的，而且并不希望家庭破碎。但和妻子吵架时，他难以控制自己的情绪，两人吵架通常是因为他怀疑妻子和别的男人搞暧昧。

妻子对朋友说，她无数次想过和丈夫离婚，但总是为孩子忍了下来。孩子小时候，她和丈夫吵架，孩子会哭，有时还会跑过来抱住她的腿。孩子长大后，任他们怎么吵，孩子似乎都不会受到影响，甚至看动画片还会哈哈大笑。孩子读书后，成绩一直不错，因此她觉得离婚不会影响到孩子。

有一次丈夫又动手打她，她下定决心要离婚。可那段时间孩子身体不太好，吃不下饭，还整天头晕。西医看了一段时间没查出来什么问题，又去看中医。中医吃药很麻烦，每天要熬药，还要时常去医院调整药方。那时，两人一心照顾孩子，离婚的事情似乎也没那么着急了。而且丈夫照顾孩子还是很上心的，两人关系又缓和了不少，一年多基本没吵过架。后来，孩子情况好了起来，丈夫的疑心病又开始发作，妻子再次决定离婚。

这个男人为什么总怀疑妻子和别的男人搞暧昧呢？男人的父亲在他小时候常年在外地工作，那段时间，母亲和一个叔叔来往很密切。那时，他已经懂得男女关系了，心里明白是怎么回事，但也不敢说。后来父亲回来工作，母亲和这个男人的关系也就断了。他至今也不清楚，父亲是否知道母亲婚外情的事，反正父母关系一直不太好，在一起几年后还是离了婚。母亲很快就再婚，继父还是个比较成功的商人。

他心里虽然怨恨母亲，但在生活上又接受了母亲的很多帮助。他读书的钱是母亲给的；毕业后的工作是继父帮忙找的；结婚后的房子也是母亲出钱买的；甚至在孩子出生后，母亲每年还以“孙子教育费”的名义给他一笔钱。他对母亲又爱又恨。他对母亲的矛盾态度还只是一方面，他的第一段恋爱也遭遇女友劈腿，这是另一方面。有过这些经历后，他心里一直觉得女人不可信，只要不“看严”就会出轨。说到这些的时候他很平静，而且不断强调这些事情已经过去了。但实际上，一个人内心没有修复的伤，会在下一段关系中继续痛。他在扇妻子耳光时，其实是在无意识地发泄对母亲和前女友的愤怒。

孩子会用自己的方式替家庭“生病”

身体出现了某种症状，往往不是出现症状的这个部位病了，而是整个身体出现了问题，只是在最弱的一个部位表现了出来。孩子往往是家里“最弱”的一环，家庭“病”了，孩子就容易出现问题。很多孩子会用3种方式替家庭“生病”。

第一种就是当个“替罪羊”。孩子让自己出现问题，这样就可以转移父母对婚姻问题的关注。这时，整个家庭的焦点就不在婚姻问题上了，为了解决孩子的问题，父母会暂时放下彼此的矛盾，甚至和好如初。那个离家出走的男孩，就比较像是父母矛盾的“替罪羊”。他并没真正解决父母之间的问题，但他让父母的关系得以延续。

第二种是成为父母的情绪伴侣。有些父母无法消化自己的负面情绪，会将这些没消化完的情绪倾倒在孩子身上。他们当中有些人可能会指责孩子，觉得是因为孩子的存在，导致自己没办法和伴侣分手；有些人可能会在孩子面前控诉对方的恶行；有些人会诉说自己的痛苦……孩子可能会觉得对不起父母，觉得父母中某一方太可怜，自己必须要替另一方照顾他们。一般有这种心理的孩子会特别懂事，甚至特别顺从、讨好，只要能减轻父母的痛苦，他们会不惜牺牲自己的需要。

但不是每个孩子都能承担起父母这么多的负面情绪，也不是所有孩子都有办法将问题的焦点转移到自己身上。那些无能为力的孩子会怎么办？这就是第三种情况——他们会将自己从家庭中“隔离”出去，仿佛和家庭没有任何关系。这种孩子一般和父母交流特别少，就像家庭里的“局外人”。这种孩子最大的特点就是和家庭疏离，对家里的事情没热情、不参与，他们常说：“不知道，随便你们，我无所谓。”因为表现得对父母婚姻问题“无感”，很多父母自以为婚姻问题没有影响到孩子，甚至有些人还会肆无忌惮地在孩子面前争吵。但是这种孩子往往会在自己建立亲密关系的时候，重复父母的婚姻问题。

学会审视夫妻关系对孩子的影响

家庭中的每个成员都在家庭这个系统中，夫妻关系出了问题，孩子一定会受到影响，只是受到多大影响、如何影响，每个人都不同。也许在你和伴侣争吵的时候，先看一看、找一找你的孩子此时在哪里，看看他在做什么；看看孩子清楚你们之间的问题吗，还是说他知道一部分，但并不知道另一部分；判断一下他会不会以为是他的问题引发你们的争吵。

我建议每对夫妻都能够时常审视一下自己的婚姻，了解自己婚姻的问题在哪里，有没有办法解决；这些问题造成的情绪困扰，是否被延伸到了家庭其他成员身上。如果更深一步审视，还需要看看，婚姻中那些怎么也解决不了的问题，当中有多少是各自原生家庭带来的问题？如果自己解决不了这些问题，是否考虑请专业人士帮忙或者自学一些心理学？

09 不做“完美妈妈”

妈妈不是世界上最厉害的人

说起世界上最厉害的人，大多数人会说，小时候觉得是妈妈，因为妈妈什么都知道、做饭好吃、不怕虫子，把生活打理得井井有条。不过，最近看到一则温情的广告，却是从另一个角度来拍摄母亲，内容是：谁说妈妈是万能的，我妈妈不会的事太多了，她不像电视里的妈妈，不会控制情绪、不会尊重别人、不会言行一致、不会说到做到、不会坚持、不会轻声细语……我妈妈不会的事情太多了，但我知道有一件事她很会，那就是当我的妈妈。广告中的孩子看似在数落妈妈的缺点，实际上却满满都是对妈妈爱的告白，这也戳中了现实中多少妈妈的心。看完之后，令人觉得内心很温暖。

“完美妈妈”的代价

现在，家长在教育孩子方面的意识不断提升，知道自己的一举一动都会对孩子产生影响。于是，平时的言行举止会非常小心和注意，恨不得自己能成为一位亲子教育专家，能够了解孩子所有问题最有效的应对方法，希望培养出一个健康、开朗的孩子。

我们这一代人早已听多了父母的“愧疚”：当年生活环境艰苦，没能给孩子好的成长条件。所以，现在生活条件好了，等到我们自己也当了爸爸妈妈以后，总是认为自己有义务，也有必要给孩子最好的照顾和陪伴，同时有意无意地约束自己身上不好的行为习惯，力求能给孩子树立一个完美的榜样。

因此，如果我们常常急于了解更多教育理念、技巧和科学养育的方法，生怕在孩子面前表露出自己的负面情绪给孩子留下不好的影响；一旦只顾着加班，不能给孩子足够的陪伴就会深深自责，担心自己在育儿过程中犯下错误。孩子但凡出现点儿问题，例如没及时加衣裳，让孩子着凉感冒了；没看护好，孩子摔破了膝盖……妈妈们就会马上紧张起来，把错归咎于自己，责怪自己疏忽大意，认为自己不是个好妈妈。

想起《妈妈是超人》中有一幕，伊能静把没满一岁的女儿小米粒放在婴儿椅上，却没有留意到小米粒还未坐好，结果小米粒从椅子上摔到了地上。伊能静一言不发地跑进厨房，自责地打了自己一巴掌，随后不停向小米粒道歉：“我没放好，是我的错，妈妈对不起你。”之后抱着孩子自责地哭起来。伊能静表现得如同一位“完美妈妈”，事无巨细，把女儿照顾得无微不至。在照顾孩子的路上，你是否也像伊能静一样，努力让自己成为一位“完美妈妈”呢？可是，做“完美妈妈”是有代价的，因为这个世界从来不完美，我们不完美，孩子也不会完美。当我们以“完美妈妈”来要求、衡量自己的时候，极有可能会因为自己的不完美而常常陷入愧疚和挫败之中，成为一个不太快乐的妈妈；也可能因为追求完美而成为一个掌控型妈妈，让孩子因此失去成长空间，个性成长被遏制。

美国《时代》杂志曾报道过，完美型妈妈更容易患抑郁症。美国华盛顿大学长期追踪的最新研究结果也表明：当代母亲要远离忧虑症状，最重要的就是要摆脱当“完美妈妈”的想法。当孩子还是初生婴儿的时候，妈妈要完全适应他的各种需求，给予足够的满足，“完美”的确很有必要。但随着孩子慢慢长大，这种“完美”却有可能变成一种束缚。首先，妈妈的过度紧张会让孩子在做事情时受到限制。另外，妈妈的“万能”可能会造成孩子的过度依赖。当然，这并不是说作为妈妈就不用努力做好孩子的榜样，而是说当我们试图掩饰自身错误、不愿在孩子面前暴露一丁点儿缺点或负面情绪时，其实也是在伤害孩子。

美国心理学教授乔治·霍顿曾针对36个志愿参加研究的美国家庭进行长期观察、研究后得出结论，父母在孩子面前表露负面情绪，甚至情绪一时失控是正常的事情，重要的是不能用侮辱性言语辱骂孩子，同时还要让孩子知道父母爱他们，情绪爆发只不过是人之常情。

我们应让孩子明白，这个世界和人性都是多面的。而允许自己在孩子面前展现真实完整的父母形象，不仅为自己卸下高标准、严要求的重担，也能让孩子知道他们无须成为一个完美的人。这无疑能让自己和孩子都松一口气。

孩子需要的不是“完美妈妈”，而是真实、完整的妈妈

英国心理学家温尼科特提出过一个“足够好母亲”理论，即孩子并不需要多么完美的父母，父母只需做到“刚刚好”即可。温尼科特根据他的临床经验指出，不完美的父母并不会对孩子造成任何伤害，只要能符合以下几个条件，就已经是足够好的父母了。

◆ 对自己坦诚，分清自己和孩子各自的需求

比如，有的父母因为带孩子或者工作很疲惫，希望孩子可以睡个午觉或晚上早早入睡。如果父母无法分清楚睡觉到底是自己还是孩子的需求时，就很容易出现父母坚持让孩子早睡是为孩子好，但因为孩子不领情而困惑和生气。

◆ 恰当表达负面情绪

“足够好”的妈妈能够及时觉察并以恰当的方式处理自己的负面情绪。有情绪是可以的，生气是没有关系的，关键是如何正确地疏导自己的情绪，同时也能对孩子的情绪表示理解，对孩子进行恰当的情绪管理教育。

◆ 充分表达爱意

温尼科特认为，只要孩子能够感受到父母的爱，不论管得紧一点儿或松一点儿，都会有不错的结果。这对于孩子长大后的成就动机和人际关系都有着相当重要的影响。

此外，温尼科特还提到另外3个值得父母深思的因素：独立自主，不以孩子的表现来界定自己的价值；重视沟通，允许孩子与父母有不同的观点、想法；承认人的不完美，对自己和孩子所犯的错误持理解及宽容的态度。

“完美”就像一副毫无破绽的盔甲，很多时候让人觉得难以靠近。不妨试试脱下你那刀枪不入的盔甲，给孩子以“不完美”的权利。同时，也让你成为最真实的、独一无二的自己。在孩子眼里，你的不完美、你的爱，才是最美。

10 父母教育风格差异大，怎么办

家庭中的“小团体”

朋友和妻子有2个孩子，老大是女儿，老二是儿子。女儿刚出生那几年，朋友没太多时间管孩子，基本是妻子在管。都说女儿是爸爸的“小情人”，朋友看见女儿也是各种宠爱，父女俩特别亲。

在抚养女儿这件事上，朋友对妻子充满感激——妻子承担了管教女儿的责任，扮演“严母”的角色，成全他在女儿面前当个“慈父”。然而儿子出生后，他们的家庭氛围开始有了变化。怀儿子的时候，妻子出了点儿意外，差点儿流产。也许是孕期的艰难，让妻子对儿子格外珍惜，这种珍惜渐渐变成了一种宠溺。

朋友并不赞同妻子对儿子的娇惯。在他看来，男孩和女孩不该用同样的方式抚养。男人以后要顶天立地、吃苦耐劳，所以对男孩的教育就是要让他守规矩、立志向。有段时间，儿子说身体不舒服，不想去上学。他觉得儿子是装病，妻子却说儿子是先天体质差；他批评儿子成绩差，妻子说是国内教育有问题，限制了孩子发展，早就想好了以后要陪着孩子去留学……

他第一次和妻子争吵，就是关于儿子的教育。有一次，一家人去香港玩儿，到餐厅坐下后，女儿点了一个蛋糕。看见姐姐的蛋糕似乎很美味，儿子吵着要吃一块。不知道那天女儿是心情不好还是怎么回事，就是不肯给弟弟吃。朋友说，那就再点一块好了。可儿子不依不饶，非要从姐姐那块蛋糕上切一块走。姐姐越不给，弟弟吵得越凶。

其实，这时候姐弟两人争的根本不是蛋糕，而是家庭权力。妻子对女儿说："你就给弟弟一块嘛！你那么大了，也不知道让让他。"女儿委屈地说："凭什么给他啊？给他一块，我就不够吃了。"儿子说："我就吃一小块尝尝！"儿子刚说完，妻子就拿起勺子从女儿的蛋糕上挖了一小块喂给儿子。看着妈妈自顾自的行为，女儿的眼泪一下子就流出来了，把勺子往桌上一扔说："我不吃了！"结果一顿饭不欢而散。

为了这件事，朋友回到酒店后就和妻子吵了一架。朋友觉得妻子太偏爱儿子，妻子辩解说，姐姐那么大了，还不懂礼让，是他把女儿惯坏了。朋友说妻子："慈母多败儿。"妻子也回敬他："你懂什么是教育？你看过几本育儿书？你管过几天孩子？"

朋友觉得，现在家里似乎变成了两个小团体，他和女儿抱团，妻子和儿子抱团。儿子和他不亲近，每次他说儿子什么，儿子就会搬出妈妈，说："我妈都说可以。"看着儿子渐渐长大，越来越像他不喜欢的那种年轻人，他又焦急又无奈……

父母的规则，是孩子了解世界的第一步

如果父母教育孩子的方式差异很大，孩子很可能接收到矛盾的信息，并不能确定自己的行为会出现什么样的后果。因此，即便有些规则让孩子不舒服，他们也应该知道自己的行为会导致的后果。

美国心理科学协会前主席詹姆斯·H.布雷教授认为，父母的教育风格差异越大，越有可能导致孩子出现行为问题。更严重的是，对立的教育方式不仅会破坏孩子规则建立的过程，还可能导致孩子和父母中一方亲近，与另一方疏远，使家庭关系变得不平衡。

父母应该如何就教育风格达成相似意见

第一，了解自己的孩子。

没有哪一种特定的教育方式适合所有的孩子，只有选择适合自己孩子的，才是最好的教育方式。如果父母足够了解自己的孩子，他们就更容易找到适合孩子的教育方法，出现分歧的可能性就会越小。

第二，父母分工，设立规矩。

父母可以商量好在养育孩子过程中，哪些方面主要由某一方负责，哪些方面必须商量着进行。比如，孩子生活上的规矩主要由母亲设立，而学习上的规矩主要由父亲设立。分工不仅会让父母都参与到孩子的抚养中，也能够降低双方出现巨大矛盾的可能性。

第三，不要当着孩子的面指责对方的教育方法。

当一方对另一方的教育方法有看法时，不要在孩子面前表现出分歧，而应该私下向伴侣提出自己的看法。当着孩子的面指责对方的教育方法，可能会破坏掉伴侣在孩子心中的权威性，也会让孩子不知所措。

第四，提前做好准备。

孩子成长中每个阶段面临的主要问题都不尽相同。学龄前的儿童可能会面临无法控制情绪的问题，学龄期儿童可能会面临学习上的问题，青少年时期的孩子则可能会面临性教育问题。父母可以在这些问题出现之前，事先展开讨论，分配好各自教育的角色。

第五，不要被自己的童年影响到。

很多父母教育孩子的方式会受制于自己的童年经历。如果自己的父母很严厉，他可能对孩子很宽容；如果自己的父母很吝啬，他可能对孩子很慷慨。有些父母会在无意中让孩子去实现自己“童年未完成的梦想”，而这些“梦想”可能并不是孩子自己的梦想。这时，他们更需要听一听伴侣的意见。